Ein herzliches Dankeschön gilt all denen,
die mit ihren Ideen und ihrer Hilfsbereitschaft
zur Entstehung dieses Buches beigetragen haben:
Marc, Luca und Ina, Johanna, Heinz und Barbara,
Hannelore, Siegfried und Peter, Simone,
Ulla und Wolfgang, Beate, Bärbel, Ralf, Katja,
Prof. Schwan, Bettina, Regula, Friederike,
Heike und Waltraud, »Frau Maierhöfer«
und last but not least Hildegard, die mich
auf die Idee gebracht hat, ein Buch zu schreiben.

Maria Rößler

Zauberhafte
WinterWeihnachtszeit

Ein Werkbuch für Kinder von 3 – 10

Don Bosco

Die Deutsche Bibliothek – CIP-Einheitsaufnahme

Rößler, Maria:
Zauberhafte WinterWeihnachtszeit :
ein Werkbuch für Kinder von 3 – 10 / Maria Rößler.
– 1. Aufl. – München : Don-Bosco-Verl., 1998
    ISBN 3-7698-1097-X

1. Auflage 1998 / ISBN 3-7698-1097-X
© 1998 Don Bosco Verlag, München
Umschlag und Illustration: Margret Russer
Notensatz: Notensatzstudio Nikolaus Veeser, Freiburg
Gesamtherstellung: Don Bosco Grafischer Betrieb, Ensdorf

Gedruckt auf umweltfreundlichem Papier.

Inhalt

Vorwort

Von den Naturerlebnissen der Wintermonate und vor allem der Feste, die in dieser Zeit gefeiert werden, lassen sich nicht nur die Kinder gerne verzaubern. Sehr intensiv beobachten wir die Veränderungen unserer Umwelt. Die Tiere, Pflanzen und auch die Menschen bereiten sich in besonderer Weise auf den Winter vor. Am Vorbild der Natur erkennen die Kinder die Notwendigkeit der Ruhe zum Sammeln frischer Kräften für ein neues Leben im Frühling. Mit zunehmender Spannung verfolgen die Kinder die Vorbereitungen der religiösen Feste und bringen sich mit großem Einsatz und eigenen Ideen ein. Wer mit Kindern lebt und arbeitet, lässt sich leicht von ihrer Begeisterung und Faszination anstecken und hat viel Freude am bewussten Gestalten dieser Jahreszeit, die zahlreiche Geheimnisse birgt.

Dieses Buch bietet neben dem informativen Teil, der auf die Entstehung und Hintergründe verschiedener Bräuche und Traditionen eingeht, eine Auswahl von Gestaltungsideen sowohl zur Jahreszeit als auch zu den verschiedenen Festen. Ausgehend vom ganzheitlichen Ansatz, der möglichst viele Sinne und Fähigkeiten der Kinder anspricht, zielen die Angebote hauptsächlich darauf ab, die Kinder zur Ruhe zu führen. Es ist schade, dass gerade in der Zeit, in der sich die Natur regeneriert, wir Menschen kaum Raum und Zeit für Ruhe und Stille finden, weil uns die Festvorbereitungen zu sehr in Anspruch nehmen. Aber vielleicht gelingt es dem einen oder anderen, die Kinder und sich selbst der Hektik und der Geschäftigkeit zu entziehen, um die Freude und den Genuss der winterlichen Feste neu zu entdecken. Die Erlebnisse innerhalb der Familie oder Kindergruppe stehen im Vordergrund dieses Buches und weniger die Produkte, die in Geschenken oder Theaterstücken präsentiert werden.

Zusätzlich wird dieses Werk bereichert durch Informationen über Feste und Brauchtum anderer Länder und Kulturen.

Bewusst verzichtet wurde auf Angaben zum Alter der Kinder und der Gruppengröße. Sowohl die Eltern als auch die Erzieherinnen in den verschiedenen Einrichtungen kennen ihre Kinder so gut, dass sie selbständig die passenden Angebote für die Gesamt- oder eine Teilgruppe zusammenstellen können. Selbstverständlich lassen sich die folgenden Geschichten, Spiele, Lieder, Rezepte und Werkangebote neu variieren, ausgestalten und an den jeweiligen Entwicklungsstand der Gruppe anpassen.

Wenngleich sich dieses Buch in erster Linie an Erzieherinnen in Kindergärten bzw. Kindertageseinrichtungen wendet, finden darin ebenso Fachkräfte für Grundschulen, den religionspädagogischen Bereich sowie interessierte Eltern Materialien und Anregungen für eine »Zauberhafte WinterWeihnachtszeit«.

Maria Rößler

Die Erde
legt sich schlafen

Nach den warmen und hellen Sommermonaten verändert sich in den letzten Monaten des Jahres unsere Umwelt zusehends. Die Intensität des Tageslichtes lässt nach und die Natur erscheint in warmen Farben. Auch die Dämmerung tritt jeden Tag früher ein. Aufgrund der zunehmenden Kälte und der früher einsetzenden Dunkelheit, verspüren die Kinder am späten Nachmittag weniger Drang nach draußen. Sie konzentrieren sich wieder mehr auf die Spielangebote in der Wohnung. Doch hin und wieder machen sie auch Erfahrungen mit der Dämmerung und Finsternis, wenn sie erst am Abend heimkehren. Sie nehmen die Veränderungen in ihrer Umwelt war. Die Straßenbeleuchtung ist schon eingeschaltet, die Fenster vieler Häuser sind hell erleuchtet und am Fahrrad muss schon das Licht eingeschaltet werden. Mit der Dunkelheit kommen aber auch Ängste auf. Besonders beim Zubettgehen zögern viele Kinder das Alleinsein im finsteren Zimmer hinaus. In ihrer Phantasie verändern sich vertraute Gegenstände in Ungeheuer und sie fürchten Monster und Geister unter ihrem Bett. In der Nacht fühlen sich Kinder unsicher und ausgeliefert, weil sie die Orientierung verlieren. Sie vermissen die Geborgenheit und Nähe, die sie während des Tages erleben. Nur im täglichen Vertrauen auf die Helligkeit am nächsten Morgen, finden sie beruhigt Schlaf.

Auch die Pflanzen und Tiere reagieren auf die natürliche Abfolge der Jahreszeiten. Nebelschwaden, Regentage und heftige Stürme bestimmen das Wetter der letzten Monate des Jahres. In dieser Zeit ziehen sich sowohl Pflanzen als auch Tiere zurück, um sich im Erdreich oder in ihrem Bau auszuruhen. Dort sammeln sie langsam frische Energie, mir deren Hilfe sie im kommenden Frühling zu neuem Leben erwachen. Einige Vögel ziehen auch in den warmen Süden, um in Afrika zu überwintern. Wenn alle Vorräte gesammelt und Winterlager eingerichtet sind, breitet sich unter den freilebenden Tieren Ruhe aus. Die Erde geht schlafen und erholt sich von den Anstrengungen des Frühlings und Sommers.

Nach dem Vorbild der Natur, haben auch die Menschen in den Wintermonaten die Chance, sich zu erholen. Die zahlreichen Aktivitäten des ganzen Jahres veranlassen uns, endlich zur Ruhe zu kommen und neue Kraft zu schöpfen. Gönnen wir uns und den Kindern eine ruhige Zeit, zum Verarbeiten, Träumen, Erzählen und Feiern.

Zeit der Stille

Wiegenlied im Herbst

Text: Robert Reinick (1805 – 1852)
Musik: Henriette Syndikus

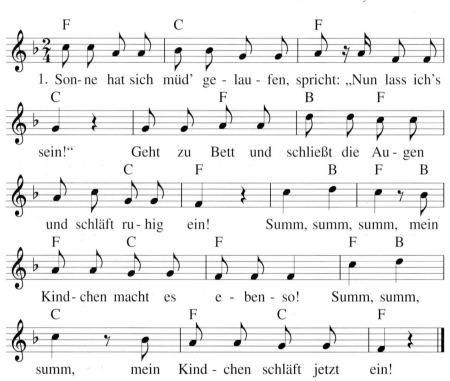

1. Sonne hat sich müd' gelaufen, spricht: „Nun lass ich's sein!" Geht zu Bett und schließt die Augen und schläft ruhig ein! Summ, summ, summ, mein Kindchen macht es ebenso! Summ, summ, summ, mein Kindchen schläft jetzt ein!

2. Bäumchen, das noch eben rauschte,
spricht: »Was soll das sein?
Will die Sonne
nicht mehr scheinen,
schlaf ich ruhig ein!«
Summ, summ, summ …

3. Vogel, der im Baum gesungen,
spricht: »Was soll das sein?
Will das Bäumchen
nicht mehr rauschen,
schlaf ich ruhig ein!«
Summ, summ, summ …

4. Häschen spitzt die langen Ohren
spricht: »Was soll das sein?
Hör ich keinen Vogel singen,
schlaf ich ruhig ein!«
Summ, summ, summ …

5. Kommt der Mond und guckt herunter,
spricht: »Kind, ruh dich aus!
Geh zu Bett und träum ganz stille,
schlafe ruhig ein!
Summ, summ, summ, mein Kindchen,
mach es ebenso.
Summ, summ, summ, mein Kindchen,
schlaf jetzt ein!«

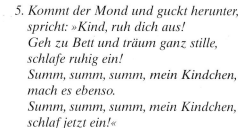

Die Erde (Identifikationsspiel)

Material
★ Gymnastikreifen
★ Holzkugel
★ braunes Baumwolltuch (in der Größe des Reifens)
★ ein mit Erde gefülltes Säckchen
★ Schale aus Ton
★ Kerne oder Körner (entsprechend der Kinderzahl)

Im Kreis sitzen die Kinder auf dem Boden. In die Mitte legt die Erzieherin einen Reifen und lässt die Holzkugel am inneren Rand entlang rollen. Die Kinder beobachten die Kugel, bis sie sich nicht mehr bewegt.
Dadurch kommen sie selbst zur Ruhe und vertiefen sich in die runde
Form des Kreises. Auch die Kinder können die Kugel anrollen. Anschließend legen sie den Reifen mit einem braunen Tuch aus, indem
die Ecken eingeschlagen werden.
Die Erzieherin reicht das mit Erde gefüllte, jedoch geschlossene
Säckchen mit der Aufgabe an die Kinder weiter, herauszufinden was
sich darin befinden könnte.
Zunächst betasten die Kinder das Säckchen von außen. Dabei können
sie es auch schütteln und daran riechen. Danach äußern sie ihre Vermutungen. Nun stellt die Erzieherin ein Tonschale in die Mitte und fordert die Kinder auf, mit ihren eigenen Händen ein Schälchen zu formen. Während die Kinder die Augen geschlossen halten, füllt sie jedem Kind etwas Erde in die Hände.
Auf ein Signal hin öffnen die Kinder ihre Augen wieder und tauschen
ihre Erfahrungen bzgl. der Eigenschaften untereinander aus. Dabei füllt
jedes Kind die Erde vorsichtig in die Schale.

Die Erzieherin erzählt die folgende Geschichte. Die Kinder legen sich bequem auf den Boden und schließen die Augen. Zum Abschluss dieser Geschichte können die Kinder nochmals den Lauf der Kugel im Gymnastikreifen mit den Augen verfolgen.

Das Pflänzchen *(Phantasiereise)*

Jetzt liegst du da, wie die braune Erde. Du bist feucht und kalt. Plötzlich kommt ein kleiner Finger und bohrt ein Loch in die Erde, tief in dich hinein. Das kitzelt dich ein bisschen. Die kleine Hand legt ein Korn in das Loch und gießt ein Schluck Wasser nach. Oh, wie gut das tut. Das Korn schwimmt ein wenig auf dem Wasser, bleibt dann aber in der Erde liegen und ruht sich aus. Auf einmal wird es schön warm. Die strahlende Sonne ist aufgegangen und scheint auf dich herab. Sie macht dich ganz warm und mollig.

Aber dann kommt ein großer Regen und platscht auf die Erde. Alles ist voller Schlamm und wird matschig.

Doch der starke Wind weht die Regenwolken weiter und trocknet dich. Somit wird es auch wieder warm um dich herum.

Irgendwann, klitzeklein, wächst aus dem Korn eine kleine grüne Spitze. Sie wird immer länger und länger. Das ist ein Trieb, der zur Sonne will. Daher wächst er eilig nach oben. Die Erde spürt das und macht dem Trieb Platz. Auch das kitzelt wieder ein bisschen.

Als der Trieb an der Erdoberfläche angekommen ist und herausschauen kann, bist du ganz stolz und glücklich. In deinem Bauch ist ein Pflänzchen entstanden, aus dem im Frühling etwas großartiges wachsen kann. (Alle Kinder öffnen langsam ihre Augen und berichten sich gegenseitig, was aus ihrem Plänzchen wohl wachsen wird.)

Es vergehen viele Jahre, bis aus dem Trieb ein großer starker Baum gewachsen ist. Dazu benötigt die Erde viel viel Kraft, damit der Stamm, die Äste und Blätter im Frühling und Sommer ausreichend mit Nährstoffen und Wasser versorgt werden. Im Winter darf sich die Erde ausruhen und Kräfte sammeln. Im Herbst wirft der Baum seine Blätter ab, weil sie kein Wasser mehr aus der Erde bekommen. Auch die Früchte werden geerntet, weil sie nun reif sind. Die Erde hat ihre Aufgabe für dieses Jahr erfüllt. Erst im nächsten Frühling wird sie mit neuen Kräften die Bäume und Pflanzen wieder mit all dem beliefern, was sie zum Wachstum brauchen.

Winterschlaf

Sowohl bei Pflanzen als auch bei Tieren beobachten wir, dass sie sich in unterschiedlicher Weise auf die dunkle und kalte Jahreszeit vorbereiten.

Das Eichhörnchen, beispielsweise, hält Winterruhe. Dabei handelt es sich um einen verlängerten Ruheschlaf, der bei gutem Wetter zur Nahrungssuche und -aufnahme unterbrochen wird. Auch der Braunbär ist ein Winterruher. In seiner Höhle verbringt er die kalte Winterszeit in einem langdauernden Normalschlaf, wobei er zwischendurch immer wieder aufwacht. Das Murmeltier, der Igel, zahlreiche Mäusearten und einige Tiere mehr, halten hingegen Winterschlaf. Während dieser Zeit lebt ihr Körper von dem im Sommer angesetzten Fett. Alle Lebensvorgänge sind auf das Geringste eingeschränkt. Nach dem Erwachen im Frühjahr sind sie völlig abgemagert. Der Hamster hat sich aus diesem Grund im Herbst einen großen Vorrat angelegt, von dem er im Frühjahr zehrt, um sein Körperfett teilweise wieder anzumästen.

Der Igel Ingolf

Unter der großen Hecke am Waldrand lebt schon seit einigen Wochen Igel Ingolf. Diese Hecke hat er ausgewählt, weil es von dort nicht weit zu den Kleingärten der Menschen ist. Jede Nacht macht er sich nun auf den Weg, tippelt mit seinen kurzen Beinen durch die Gärten und verspeist alle Köstlichkeiten, die er dort finden kann. Wenn er viel Glück hat, entdeckt er auch einmal einen Keks oder etwas Milch, die Kater Beppo übersehen hat. Ansonsten ernährt sich Ingolf am liebsten von dicken Regenwürmern, Schnecken und Käfern, die bekanntlich in jedem Garten zu finden sind. Von Tag zu Tag, besser von Nacht zu Nacht, wird Ingolf immer dicker. Wenn er sich im Laub zum Schlafen einrollt, sieht man nur eine große stachlige Kugel.

Vor ein paar Tagen hat er im vorletzten Garten eine besondere Köstlichkeit entdeckt. Zwischen den hohen Grashalmen neben dem windschiefen Gartenhaus liegen viele süße Birnen. Nun bangt er jede Nacht, um seinen köstlichen Schatz. Aber dieser Garten scheint niemandem zu gehören. Am Tag kommt kein Gärtner, um die saftigen Birnen zu ern-

ten. Darüber freut sich Ingolf sehr. Jedoch ist er mit seiner Freude nicht alleine. Als er diese Nacht zwischen den Latten des Zaunes hindurchschlüpft, hört er ein lautes Schmatzen. Vorsichtig schaut er um die Ecke des Geräteschuppens und was sieht er da? Haben sich doch tatsächlich seine Igelkollegen aus der Parkanlage über sein Fallobst hergemacht. Unglaublich! »He, ihr da«, ruft Ingolf den beiden schmatzenden Igeln zu. »Wollt ihr wohl sofort damit aufhören, mir meine süßen Birnen wegzufressen! Die gehören mir ganz allein. Ohne Erlaubnis darf niemand davon naschen.« Vor lauter Schreck zucken die beiden Igel zusammen und stellen nun ihre spitzen Stacheln auf. Doch dann entdecken sie Ingolf, der inzwischen mutig hinter dem Schuppen vorgetreten ist. »Guten Abend, Ingolf«, begrüßt ihn Hubert, der größere Igel. »Hast du uns jetzt erschreckt. Wenn wir gewusst hätten, dass dieser Garten zu deinem Revier gehört, hätten wir dich sicherlich erst um Erlaubnis gefragt. Aber wir haben solchen Hunger. Seit die neue Straße neben der Parkanlage fertig ist, trauen wir uns nicht mehr zu den Häusern und Gärten auf der anderen Straßenseite. Unsere kurzen Beine tragen uns nicht schnell genug hinüber. Die rasenden Autos sind viel schneller als wir.« Und Emma fügt noch hinzu: »Lieber Ingolf, gib uns bitte von deinem Obst etwas ab. Schau, wir sind noch so dünn und der Winter steht vor der Tür. Wir müssen uns dringend noch den Winterspeck anfressen. Bald schon kommen die kalten Tage und wir werden unseren Winterschlaf beginnen.«

»Findet ihr in eurem schönen Park nichts zu essen? Müsst ihr denn unbedingt meine Lieblingsspeisen aufessen?«, fragt Ingolf streng. »Du weißt doch selbst, dass die Eidechsen, Heuschrecken und Kröten immer seltener werden«, erwidert Hubert traurig. »Auch gehen um diese Jahreszeit nicht mehr so viele Menschen spazieren, die uns immer unter den Parkbänken die feinen Kekse versteckten«, ergänzt Emma. »Ist das mein Problem?«, will Ingolf verächtlich wissen. »Hauptsache mein Bauch ist dick und fett. Verschwindet nun endlich. Ich habe nicht alle Zeit der Welt, mit euch ewig herumzudiskutieren. Mein Winterlager ist noch nicht fertig. Nach dem Essen werde ich mich sofort wieder an die Arbeit machen.« »Jetzt sei doch nicht so gemein zu uns«, sagt Emma mit Tränen in den Augen. »Die vielen Birnen kannst du doch überhaupt nicht alleine essen. Wenn du uns welche abgibst, laden wir dich im nächsten Frühjahr zu einem Picknick in den Park ein. Dort kannst du dann all die Leckereien kosten, die die Kinder auf dem Spielplatz liegen *lassen. Du kannst uns glauben, ein nächtlicher Besuch auf dem Kinderspielplatz lohnt sich auf jeden Fall.« »Das klingt verlockend«, denkt Igel Ingolf und nach einer kurzen Bedenkzeit sagt er: »In Ordnung. Bis zum Winterschlaf dürft ihr von meinen Birnen essen. Aber verschlaft bitte nicht den Frühling, denn ich werde auf euch warten, damit wir gemeinsam picknicken können.« »Vielen Dank, Ingolf. Du kannst dich auf uns verlassen. Sobald die Sonne wärmer wird, treffen wir uns wieder unter diesem Birnbaum. Dann werden wir unser Versprechen einlösen!«, rufen Hubert und Emma gleichzeitig. Mit großer Freude und viel Appetit machen sich alle drei Igel über die süßen Früchte her.*

Auch in den folgenden Nächten treffen sie sich in dem verlassenen Garten. Schmatzend erzählen sie sich gegenseitig lustige Geschichten und spannende Abenteuer. Ingolf findet es jetzt richtig toll, gemeinsam mit seinen Freunden all die köstlichen Birnen zu verspeisen. Doch dann wird es immer kälter und frostiger. Zum Glück hat Ingolf sein Winterlager schon gemütlich eingerichtet. Unter einer Wurzel wird er im Laub geschützt bis zum Frühling tief und fest schlafen. Noch einmal überprüft er die Sicherheit seines Lagers, dann rollt er sich zufrieden ein und träumt von der Schokolade, dem leckeren Kuchen und den Süßigkeiten, die die Kinder ihm in die Parkanlage bringen werden.

Psst! Psst!

Psst! Psst! Sei doch mal leise!
Hörst du, der Winter beginnt seine Reise!
Ganz sachte bläst ein kalter Wind,
vom Baum die Blätter fort geschwind.

Psst! Psst! Sei doch mal leise!
Hörst du, der Winter beginnt seine Reise!
Am Himmel flattert mein bunter Drachen,
er kann sogar Purzelbäume machen.

Psst! Psst! Sei doch mal leise!
Hörst du, der Winter beginnt seine Reise!
Die Feldmaus raschelt in ihrem Versteck,
sie sammelt Körner in jedem Eck.

Psst! Psst! Sei doch mal leise!
Hörst du, der Winter beginnt seine Reise!
Nach Afrika, weit im Süden,
müssen nun die Schwalben fliegen.

Psst! Psst! Sei doch mal leise!
Hörst du, der Winter beginnt seine Reise!
Der Igel rollt sich im Laubhaufen ein,
jetzt müssen wir aber ganz stille sein.

Die Erde legt sich zum Schlafen nieder,
jedes Jahr im Winter wieder.
Bist du leise, wie noch nie,
hörst du seine Melodie ...

Dieses Gedicht, im Flüsterton gesprochen, kann mit den entsprechenden Geräuschen begleitet werden. Dafür können auch Instrumente,
wie Rasseln und Schellen eingesetzt werden. Die Melodie des Winters
wird auf dem Glockenspiel improvisiert. Wer weiß, vielleicht beginnt es
zu schneien?

Köstliche Winterzeit

Vorräte für den Winter

Das Einlagern für den Winter hatte früher mit Sicherheit sehr viel
größere Bedeutung als heute. Im Supermarkt oder in Feinkostläden
kann man das ganze Jahr über Früchte und Gemüse kaufen.
Kinder aus Familien mit eigenem Garten erleben die Ernte aber noch
hautnah. Sie helfen meist gern beim Pflücken der Äpfel, Birnen und
Nüsse mit, denn zwischendurch können sie Früchte naschen. Die Ernte wird artgerecht im Keller eingelagert oder weiterverarbeitet, damit
die Familie im Winter Selbstgemachtes genießen kann.
Um den Kindern den Sinn der Ernte für die Winterzeit bewusst zu machen, kann die Kindergruppe beispielsweise beim Schütteln und Ein-
sammeln der Äpfel mithelfen. Steht im Garten der Kindertageseinrichtung selbst kein Obstbaum, erklärt sich vielleicht die Familie eines Kin-

dergartenkindes bereit, ihren Baum zur Verfügung zu stellen. Die auf diese Weise geernteten Äpfel werden für die Nikolausfeier eingelagert oder in einer Kelterei zu Most weiterverarbeitet. So erleben die Kinder den Bezug zwischen Ernte und dem daraus gewonnenen Vorrat.

In meinem kleinen Apfel

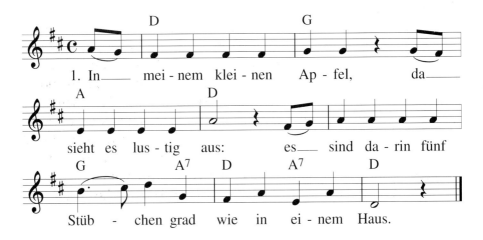

1. In mei-nem klei-nen Ap-fel, da sieht es lus-tig aus: es sind da-rin fünf Stüb-chen grad wie in ei-nem Haus.

2. *In jedem Stübchen wohnen*
   zwei Kernchen schwarz und fein,
   die liegen drin und träumen
   vom lieben Sonnenschein.

3. *Sie träumen auch noch weiter*
   gar einen schönen Traum,
   wie sie einst werden hängen
   am lieben Weihnachtsbaum.

Apfelpfannkuchen

Zutaten
- ★ 100 g Weizenmehl
- ★ 250 ml Milch
- ★ 2 Eier, 1 Prise Salz
- ★ 3–4 Äpfel
- ★ Fett oder Öl zum Ausbacken

Zubereitung
Das Mehl mit der Milch verrühren und anschließend die Eier und das Salz zugeben. Nachdem alle Zutaten zu einem glatten Teig verarbeitet wurden, muss er ca. 1 Stunde ruhen, damit das Mehl aufquellen kann. In der Zwischenzeit schält man die Äpfel, entfernt das Gehäuse und schneidet die Äpfel in feine Scheiben. Zum Ausbacken der Pfannkuchen erhitzt man das Fett bzw. Öl in einer Pfanne, dünstet ein paar Apfelscheiben kurz an und gießt dann etwas Teig darüber. Gewendet wird der Pfannkuchen, wenn die Unterseite goldbraun ist. Auch die zweite Seite wird solange gebacken, bis sie goldbraun geworden ist. Besonders süße Feinschmecker bestreuen die Pfannkuchen mit Zucker und Zimt.

Apfelschiffchen

Zutaten/Material
- ★ Zahnstocher, Papier
- ★ Äpfel
- ★ Messer

Kinder lieben es, mit Lebensmitteln zu spielen und stellen sehr gern Gesichter, Blumen und Tiere daraus her: Die Schiffchen entstehen, indem man aus einem Apfel acht Schnitze schneidet, das Kerngehäuse entfernt und einen Zahnstocher mit Segel in die Frucht hineinsteckt.

Zauberapfel

Zutaten/Material
★ Äpfel
★ Messer

Mit einem spitzen Küchenmesser schneidet man im Zickzack rundum in den Apfel ein. Dabei muss man bis zum Kerngehäuse vordringen, damit sich später beide Hälften voneinander lösen können. Nun können die Kinder versuchen, an welcher Stelle der Zauberapfel wieder zusammenpasst.

Apfelpilz

Zutaten/Material
★ Äpfel
★ Messer

Bis zum Kerngehäuse schneidet man den Apfel in der Mitte rundum ein. Damit der Hut und Stiel des Pilzes sichtbar werden, wird ca. 1 cm rechts und links des Apfelstiels soweit eingeschnitten, dass zwei Apfelstücke herausfallen. Das Einschneiden wird im rechten Winkel dazu nochmals wiederholt. Falls der »Pilz« keinen Stand hat, dreht man den Stiel heraus oder ebnet die Standfläche.

Die wandernde Kartoffel

Text und Musik:
Dorothée Kreusch-Jacob

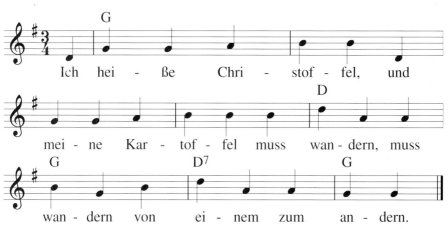

Ich hei - ße Chri - stof - fel, und
mei - ne Kar - tof - fel muss wan - dern, muss
wan - dern von ei - nem zum an - dern.

Das Kartoffelfeuer

Wenn die Tage allmählich kürzer werden und die Dämmerung früher eintritt, treffen sich am späten Nachmittag alle Kindergartenkinder mit ihren Eltern und Geschwistern im Garten der Einrichtung. Dort wird ein Feuer angezündet, in dessen Glut die in Alufolie gewickelten Kartoffeln gelegt werden. Nach dem Garen werden sie mit Butter oder Käse verspeist. Zu frischem Most und neuem Wein schmecken sie hervorragend.
Die Wartezeit wird verkürzt mit gemeinsamem Spiel und Gesang um das Lagerfeuer.

Kartoffelpuffer

Zutaten
- ★ 1 kg große Kartoffeln
- ★ 1 Zwiebel
- ★ 1 Teelöffel Salz
- ★ 2 Eier
- ★ 30 g Mehl
- ★ Öl zum Anbraten

Hilfsmittel
- ★ Schälmesser
- ★ Rohkostreibe oder Küchenmaschine mit Raspel

Zubereitung
Nach dem Waschen werden die Kartoffeln geschält und auf der Reibe bzw. in der Küchenmaschine geraspelt. Mit der kleingeschnittenen Zwiebel, dem Salz, den Eiern und dem Mehl verrühren die Kinder die Kartoffelmasse. Nun wird das Öl in einer Pfanne erhitzt. Mit einem Esslöffel setzen die Kinder den Kartoffelteig hinein und drücken den Teig zu flachen Plätzchen. Auf beiden Seiten werden die Plätzchen goldbraun gebraten.
Am besten schmecken die Kartoffelpuffer mit viel Apfelmus.

Die verlorene Kartoffel

Nach der Kartoffelernte fährt Bauer Bressenkötter die vollen Säcke mit dem Traktor vom Feld zum Bauernhof. Dort werden sie für die kommenden Monate im Keller eingelagert. Doch auf dem holprigen Feldweg kullert eine dicke Kartoffel aus einem löchrigen Sack und plumpst von der Ladefläche auf die Erde.
Ganz benommen schaut sich die Kartoffel um. Sie sieht gerade noch den Traktor um die Ecke verschwinden. »Was mach ich nun? Wie komme ich denn nun zu meinen Kollegen in den Keller? Ich will nicht alleine sein!«, überlegt die Kartoffel. Doch sie hat noch nicht zu Ende gedacht, da kommt schon eine Maus aus dem Maisfeld gelaufen.
»Nimm mich mit, du kleines Tier. Ich will nicht liegen auf dem Wege hier!«, sagt die Kartoffel zur Maus. Diese erwidert schnell: »Ich sammle

Körner für mein Versteck, hab keinen Platz für dich, nicht mal ein Eck!« Die Maus packt hurtig ihre Körner zusammen und verschwindet hinter einer alten Mauer.

»Schade, dass mich die Maus nicht mitgenommen hat!«, denkt sich die Kartoffel. Nach kurzer Zeit kommt ein Eichhörnchen den Weg entlang gehüpft. »Nimm mich mit, du schönes Tier. Ich will nicht liegen auf dem Wege hier!«, ruft die Kartoffel dem Eichhörnchen zu. Dieses antwortet rasch: »Ich sammle Nüsse für mein Versteck, hab keinen Platz für dich, nicht mal ein Eck!« Schnell nimmt das Eichhörnchen seine Nüsse und klettert flink auf eine hohe Eiche. »Schade, dass mich die Maus und das Eichhörnchen nicht mitgenommen haben«, denkt traurig die Kartoffel.

Während sie noch die Kletterkünste des Eichhörnchens beobachtet, kommt ein Hase den Feldweg entlang gelaufen. »Nimm mich mit, du schnelles Tier. Ich will nicht liegen auf dem Wege hier!«, sagt die Kartoffel zum Hasen. Im Weiterhoppeln ruft ihr der Hase zu: »Ich hol mir Möhren für mein Versteck. Hab keinen Platz für dich, nicht mal ein Eck!« Blitzschnell verschwindet der Hase in einem Möhrenfeld. »Schade, dass mich die Maus, das Eichhörnchen und der Hase nicht mitgenommen haben!«, denkt sehr traurig die Kartoffel. Da schleicht sich schon von hinten ein Fuchs an sie heran. »Nimm mich mit, du schlaues Tier. Ich will nicht liegen auf dem Wege hier!« ruft die Kartoffel dem Fuchs zu. Aber dieser flüstert: »Ich hol mir 'ne Gans für mein Versteck. Hab keinen Platz für dich, nicht mal ein Eck!« Leise schleicht der Fuchs in Richtung Bauernhof davon. »Schade, dass mich die Maus, das Eichhörnchen, der Hase und der Fuchs nicht mitgenommen haben«, denkt die verzweifelte Kartoffel.

Plötzlich hört sie ein leises Pfeifen, das allmählich lauter wird. Da kommt auch schon ein Mädchen den Weg entlang und bleibt vor der Kartoffel stehen. »Hoffentlich nimmt mich das Mädchen mit nach Hause. Ich will nicht länger alleine auf der Erde liegen«, wünscht sich die Kartoffel. Daraufhin bückt sich das Mädchen, nimmt die Kartoffel in die Hand und erklärt: »Dich kann ich sehr gut gebrauchen. Morgen wollen wir im Kindergarten Kartoffeltheater spielen. Du bist so hübsch, du kannst ja den Kasper spielen. Ich stecke dich auf einen Stab, setze dir aus rotem Stoff eine Zipfelmütze auf und ein Salatblatt wird deine Halskrause.« Das Mädchen steckt die Kartoffel in seine Jackentasche und läuft nach Hause. Die ganze Nacht über liegt die Kartoffel in der weichen warmen Jackentasche. Sie freut sich sehr auf den nächsten Tag und träumt von ihrem Auftritt als Kartoffelkasper.

Diese Geschichte regt zum Spiel der verschiedenen Rollen an. Die Kinder können sich den Text leicht merken, weil er sich einerseits reimt und andererseits öfter in der Geschichte wiederholt wird. Durch die Aufzählung der Tiere, die die Mitnahme der Kartoffel verweigern, wird das Erinnerungsvermögen der Kinder geschult.
Angeregt durch diese Geschichte, stellen die Kinder sicherlich mit großer Freude Stabpuppen aus Kartoffeln her. Mit etwas Phantasie und Geschick entstehen aus Zwiebeln, Paprika und anderem Gemüse lustige Figuren, die miteinander spielen können. Damit die Lebensmittel nicht verderben, können die Kinder eine Gemüsesuppe aus ihren Puppen zubereiten.

Geheimnisvolle Dunkelheit

Nach den langen Sommertagen fällt es den Kindern auf, dass im Herbst die Dämmerung immer früher eintritt. Zur gleichen Tageszeit, in der sie im Sommer noch im Freien spielen konnten, wird es nun schon dunkel und kalt. Immer früher zieht es die Kinder in die Wohnung und langsam verlegen sie ihre Aktivitäten in das warme Kinderzimmer. Dabei entdecken sie vergessene Bilderbücher und Spiele wieder.
Gerade diese Zeit hat nach dem reichen Bewegungsangebot ihren Reiz. Mit Sicherheit genießen die Kinder in Kissen gekuschelt eine Märchenstunde in der Dämmerung. Eine Kerze und heiße Schokolade können zur gemütlichen Stimmung beitragen.

Andererseits gibt es zahlreiche Kinder, die mit dem Einschlafen Probleme haben. Die vielen Erlebnisse während des Tages oder auch unverarbeitete Ängste können Gründe dafür sein. Gerade in diesen Fällen brauchen die Kinder Hilfestellung seitens der Erwachsenen. Das Zubettgehen ist ein Ritual, das die Kinder auf jeden Fall mitgestalten dürfen. Doch sollte ein zeitlicher Rahmen eingehalten werden, damit sich die Kinder sicher fühlen. Die Schlafenszeit darf nicht ständig hinausgezögert werden.

Üblicherweise werden die Kinder mit Liedern, Gedichten und Geschichten auf den Schlaf eingestimmt. Doch in erlebnisreichen Phasen möchte das Kind auch über seine Erfahrungen, Fragen und Ängste sprechen. Vor dem Einschlafen ist es sehr wichtig, Kindern einen zeitlichen Rahmen zum Berichten und Fragen zu ermöglichen. Durch die Aufmerksamkeit und Beruhigung der Eltern gelingt häufig ein rasches Einschlafen. Auch die Angst vor der Dunkelheit raubt einigen Kindern den Schlaf. Deshalb schlafen zahlreiche Kinder mit einer Nachtlampe oder die Eltern lassen die Kinderzimmertür einen Spalt offen stehen. Häufig gelingt es den Eltern nicht, ihren Kindern die Angst im Dunkeln zu nehmen. Aber sie können den Kleinen Geborgenheit und Vertrauen schenken, damit sie ihre Angst selbständig überwinden lernen. Wichtig ist, dass die Kinder über ihre Furcht reden können. Sie sollten ihre Angst beim Namen nennen. Auf große Bilder gemalt, aus Ton getöpfert oder in lustigen Sprechversen verleihen die Kinder ihren Ängsten Ausdruck.

Angst verschwinde, Angst geh weg!

Angst hat überhaupt kein' Zweck,
Angst verschwinde, Angst geh weg!

Mein Gespenst heißt Leopold.
Er ist ein böser Kobold.
Liegt er unter meinem Bett,
finde ich das gar nicht nett.
Drum strample ich fest auf und ab,
weil Leopold das gar nicht mag.

Sinnspiel in der Dunkelheit

Bei diesen Spielen setzen sich die Kinder mit der Dunkelheit auseinander. Sie stellen sich den Geheimnissen der Nacht. Außerdem ist es ihnen möglich, die Angst zu benennen und durch Ausgestaltung zu überwinden.

Material
★ Kerze
★ Schreibtischlampe
★ evtl. Tücher, um die Augen zu verbinden

Die Kinder betreten den abgedunkelten Raum, in dessen Mitte eine Kerze brennt. Die Gruppe versammelt sich um die Kerze. Nach kurzer Zeit der Betrachtung bläst die Erzieherin die Kerze aus.

Im fast dunklen Raum spielen die Kinder das Spiel: Mein rechter Platz ist frei! Anschließend sprechen die Kinder über ihre Erfahrungen, die sie bei dem doch bekannten Spiel im Dunkeln gemacht haben.

Die Erzieherin kann den Kindern das Folgende erzählen, um sie auf das Thema einzustimmen: »In der Finsternis wirken die Menschen, die Spielsachen und das ganze Zimmer verändert. Manche Dinge sehen in der Nacht ganz anders aus, so dass man sie fast nicht erkennen kann. Vor diesen Dingen, die wir nicht kennen, bekommen wir Angst. Wir fürchten sie, weil sie uns nicht vertraut sind. Doch wenn wir dann das Licht einschalten, sind wir erleichtert. Denn meistens hat uns etwas erschreckt, dass wir sehr gut kennen. Nur die Dunkelheit hat es so sehr verwandelt. Auch wir selbst können uns so verwandeln, dass uns keiner mehr erkennen kann.«

Die Erzieherin schaltet eine Schreibtischlampe ein. Diese wirft Schatten an die Wand. Die Kinder ordnen die Schattenbilder den Gegenständen zu, die sich im Raum befinden. Danach bewegt sich ein Kind zwischen Lampe und Wand. Je nach Entfernung verändert sich die Größe des Kindes. Steht es dicht vor der Lampe, erscheint auf der Wand ein Schattenriese. Selbst die kleinsten Bewegungen des Kindes erscheinen riesengroß. Anschließend haben alle Kinder die Möglichkeit mit ihrem Schatten zu spielen und sprechen darüber, welche Gestalten ihnen gefallen haben und vor welchen sie sich fürchteten. Sie können auch überlegen, woran sie ihre Freunde trotz der Dunkelheit erkannt haben.

Fortgesetzt werden können die Erlebnisse in der Dunkelheit, indem jedes Kind einen Freund, der die Augen geschlossen hält, bei der Hand nimmt und ihn durch den dunklen Raum führt. Dabei versuchen die Paare, sich langsam im Raum zu bewegen, damit sich auch das Kind, das ›blind‹ ist, sicher fühlt. Nach dem Wechsel geht jedes Kind auch noch alleine. Dabei sind sie mucksmäuschenstill, um mögliche Geräusche wahrnehmen zu können.

Die Erzieherin kann ergänzend erklären: »Im Dunkeln müssen wir uns auf andere verlassen. Wir vertrauen uns unseren Eltern, Geschwister, einem Freund oder Freundin an. Wenn wir nicht alleine sind, haben wir auch keine Angst.«

Zum Abschluss können bekannte Spiele gespielt werden, bei denen einem Kind die Augen verbunden werden. ›Blind‹ müssen sie sich auf ihr Gehör verlassen. Es eignen sich Spiele wie Blinde Kuh, Hänschen piep einmal, Topfschlagen oder Im Keller ist es duster.

Müde bin ich

Text und Musik: Simone Brühwiler

2. Augen schliessen,
   Zeit geniessen – gähn
   Schönes denken,
   Zeit verschenken – gähn.

3. Träum von Schafen,
   die tief schlafen – chrr
   Ach wie gut,
   das doch tut – chrr.

Die Taschenlampe

Text und Musik:
Susanne Brandt-Köhn

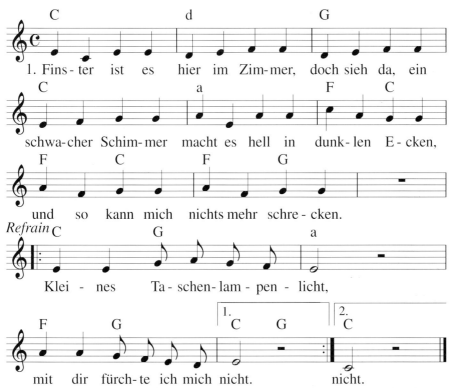

1. Fins-ter ist es hier im Zim-mer, doch sieh da, ein schwa-cher Schim-mer macht es hell in dunk-len E-cken, und so kann mich nichts mehr schre-cken.

Refrain
Klei - nes Ta - schen-lam-pen - licht, mit dir fürch-te ich mich nicht. nicht.

2. Steht da nicht ein fremdes Wesen?
   Aber nein – das ist ein Besen,
   den ich mir genau besehe
   mit der Lampe aus der Nähe.
   Refrain: Kleines …

3. Hier die Borsten, dort die Stange
   – eine braune, dünne, lange.
   Schau, der Lichtstrahl wandert munter
   an dem Besen hoch und runter.
   Refrain: Kleines …

4. Nun geht seine Reise weiter,
   hoch und runter auf der Leiter,
   schnell vorbei an Türen, Fenstern
   auf der Suche nach Gespenstern.
   Refrain: Kleines …

5. Irgendetwas sah ich eben
   heimlich, leis durchs Zimmer schweben.
   Halt, du sollst mir nicht entwischen,
   denn ich finde alle Nischen.
   Refrain: Kleines …

6. Und schon sehe ich es wieder
   an der Wand dort gegenüber.
   Durch das Fenster in den Garten
   fliegt das Ding – wer kann's erraten?
   Refrain: Kleines …

Bilderbuchtipp zum Thema Einschlafen
Martin Waddell, Barbara Firth:
Kannst du nicht schlafen, kleiner Bär?
Verlag Annette Betz, im Verlag Carl Ueber-
reuter, München 1989.

Halloween

In Amerika, Kanada, England und Irland wird am Abend des 31. Okto-
ber das Halloweenfest gefeiert. Auch in Deutschland zieren mittlerweile Gespensterköpfe aus ausgehöhlten Kürbissen und Rüben die Fensterbänke und Balkone. Am Abend und in der Nacht leuchten diese
»erschreckenden« Geschöpfe mittels einer Kerze, die in den Kürbis
hineingestellt wird. In Amerika verkleiden sich die Kinder an diesem
Abend und tragen schaurige Masken. So ziehen sie um die Häuser
und besuchen ihre Nachbarn. Diese werden mit den Worten ›trick or
treat‹ begrüßt. Die Nachbarn haben nun die Wahl, eine Spende zu geben oder es erwartet sie ein Streich. In der Regel erhalten die Kindergruppen Süßigkeiten oder eine Spende für UNICEF.
Am 1. November feiert die katholische Kirche den Feiertag Allerheili-
gen. An diesem Tag gedenken die Christen aller bekannten und unbe-
kannten Heiligen. In früheren Zeiten glaubte man, dass in der Nacht
vor diesem Feiertag die meisten Hexen und Geister umherwanderten.
Daher kommt auch der Name ›Halloween‹ (All Hallows Evening = Aller-
heiligenabend).
Auch zahlreiche Legenden berichten über diese Nacht. Eine Legende
besagt, dass an Halloween die Seelen aller Toten aus dem Fegefeuer
befreit werden, um ihre Sünden zu tilgen. Den Seelen war es erlaubt,
ihre Häuser zu besuchen.
Daher rührt auch der Brauch, als Skelette verkleidet die Nachbarn zu
erschrecken.
Diese Tradition wurde von irischen Einwanderern in Amerika eingeführt. Heute veranstalten viele Schulen, Familien und Gemeinden Feste
und Paraden. Dafür lernen die Kinder in der Schule Lieder und Gedich-
te. Den jüngeren Kindern wird Halloween als ein Fest mit viel Spaß
und Überraschungen vermittelt, damit nicht Angst und Aberglaube im
Vordergrund stehen.

Gespenstermarionette

Material

★ weißes Tuch aus einem fließenden Stoff (50 x 50 cm)
★ eine Wattekugel (5 cm im Durchmesser)
★ drei Holzperlen (2 cm im Durchmesser)
★ Fäden zum Abbinden und Aufhängen der Marionette
★ Stoffmalstifte
★ Stab (40–50 cm lang)

Anleitung

An dem Faden, an dem später der Gespensterkopf am Stab aufgehängt wird, befestigt man eine Holzperle und zieht ihn mit Hilfe einer Nadel durch die Wattekugel und durch die Mitte des Tuches, so dass die Perle im herunterhängenden Stoff verborgen bleibt. Anschließend binden die Kinder das Tuch unterhalb der Wattekugel ab. So entsteht der Gespensterkopf. Der verbleibende Stoff ist das Gewand.

An je zwei diagonal gegenüberliegenden Zipfeln des Stoffes wird eine Holzperle verknotet. Neben diesen Perlen werden ebenfalls Fäden angebracht, die an den Spielstab geknotet werden. Nun kann auch der Faden des Kopfes am Stab verknotet werden. Die Länge der Spielfäden richtet sich nach der Größe der Kinder.

Abschließend bemalen die Kinder den Gespensterkopf mit den Stoffmalstiften.

Kastaniengespenst

Material

★ eine Kastanie für jedes Kind
★ Handbohrer
★ weißes Tuch für jedes Kind
(z. B. Taschentuch)

Durch eine Kastanie (Gespensterkopf) wird ein großes, fingerdickes Loch gebohrt, durch das die Kinder das weiße Tuch ziehen und oberhalb des ›Kopfes‹ verknoten. Mit Stiften kann ein Gesicht auf die Kastanie gezeichnet werden. Die Gespenster können nun auf dem Finger tanzen.

Der Gespenstertanz *(Klanggeschichte)*

Musikinstrumente
★ Glockenspiel
★ Gong
★ Stielkastagnette
★ Rassel
★ Schellenkranz
★ Holzblocktrommel
★ Fingercymbeln
★ Pauken
★ Flötenkopf
★ Handtrommel (mit einigen kleinen Steinchen gefüllt)

Ganz oben auf der Spitze des Berges steht eine alte verfallene Burg. Vor vielen Jahren haben dort einmal Wanderer übernachtet. Doch am nächsten Tag sind sie kreidebleich ins Tal zurückgekehrt. Seit dieser Zeit getraut sich kein Mensch mehr in der Nacht auf diesen Berg. Sobald die Dämmerung eintritt, eilen alle Wandersleute schnell in das nächstgelegene Dorf. Was damals, in jener Nacht in der alten Burg auf dem Berg passiert ist, weiß heute keiner mehr. Nur ich, denn der Vetter meines Großvaters war damals auf der Burg dabei. Er hat mir folgendes erzählt:

Nachdem wir einen ganzen Tag lang gewandert sind, waren wir sehr froh, in der alten Burg Unterschlupf zu finden. Vor Wind und Regen geschützt, aßen wir in einem dunklen Raum unsere mitgebrachte Brotzeit. Vom Wandern müde, schliefen wir schnell in unseren Schlafsäcken ein.

Doch mitten in der Nacht wurden wir von einem seltsamen Geräusch geweckt. Von einer lauten Turmuhr schlug es zwölfmal.	**mit einem Schlegel über das Glockenspiel streichen** **zwölfmal einen Gong schlagen**

Hastig flog eine Fledermaus über unsere Köpfe hinweg.

Stielkastagnette

Vom Burghof hörten wir ein leises Rascheln. Schnell liefen wir zum Fenster und sahen dort drei weiße Gestalten, die auf der alten Mauer tanzten. Dabei bewegten sich die vielen Schlüssel, die sie an einer Kordel um die Hüfte trugen.

Rassel

Schellenkranz

Auch ein zartes Klopfen war zu hören.

Holzblocktrommel

Wenn die Gespenster ihre Augen bewegten, drang der Klang feiner Glöckchen zu uns herüber.

Fingercymbeln

Aber als sie sich im Kreise drehten, trommelte es laut in unseren Ohren.

Pauken

Doch auf einmal schwebten die weißen Geister wie Nebel davon. Kurze Zeit war nur noch ihr Pfeifen zu hören.

in einen Flötenkopf blasen und dabei mit den Fingern auf das untere Loch schlagen

Dann schlug die Turmuhr einmal.

Gong

In der ganzen Burg war es wieder mucksmäuschenstill. Nur den Wind hörte man noch um die Turmspitzen streichen.

die mit Steinchen gefüllte Handtrommel langsam bewegen

Ängstlich und zitternd schlüpften wir wieder in unsere Schlafsäcke. Doch in der ganzen Nacht haben wir kein Auge mehr zu gemacht. Wie froh waren wir, als die ersten Sonnenstrahlen durch die Ritzen der alten Burg fielen. Schnell packten wir unsere Rucksäcke zusammen und liefen eilig zurück ins Tal.

Ob diese Geschichte wahr ist, oder ob der Vetter meines Großvaters sie erfunden hat, weiß ich nicht. Vielleicht wollte er mir auch nur Angst machen? Eigentlich gibt es nämlich überhaupt keine Gespenster. Oder was meinst du?

Gespenstertheater

Ein Tisch wird auf die Seite geklappt und mit einem schwarzen Tuch verhängt. Der Raum ist abgedunkelt, nur eine Schreibtischlampe bestrahlt das schwarze Tuch, das zur Gespensterbühne wird. Zwei bis drei Kinder lassen ihre Gespenstermarionetten zur Geistermusik tanzen.
Musiktipp: Kitaro »Silk Road«, Vol.2/6 Year 40080, Kuckuck Schallplatten/ E.R.P. Musikverlag, München 1981.

Das Gespensterkind *(Fingerspiel)*

Seht doch nur, hier kommt geschwind,	*Zeigefinger der rechten Hand*
Gero, das Gespensterkind.	
Es kann hüpfen, tanzen, lachen	*Zeigefinger bewegt sich entsprechend*
und so manchen Unsinn machen.	*Finger vor die geschlossenen*
In der Nacht schwebt es ganz leise,	*Lippen halten*
tanzt im Schloß Gespensterkreise.	*Zeigefinger zeigt große Kreise*
Ruft laut hu und hä und hig!	*beide Hände umschließen den Mund*
Ach, klingt das schön gruselig.	
Plötzlich macht Gero ängstlich halt,	*Zeigefinger bleibt abrupt stehen*
er sieht 'ne zweite Geistgestalt.	*Zeigefinger der linken Hand*
Da muss er aber kräftig bibbern,	*beide Zeigefinger zittern*
bis seine Gliedern alle zittern.	
Duckt er sich flink und schnelle,	*beide Zeigefinger*
ist auch der Zweite nicht zur Stelle.	*in die Faust nehmen*
Doch schaut er mit dem Kopf hervor,	*beide Zeigefinger kommen langsam*
sieht er schon des andren Ohr.	*aus der Faust hervor*
Ei, denkt er sich, eiderdaus,	
da nehm ich lieber schnell Reißaus.	*beide Zeigefinger bewegen*
Auch der andere entschwebt	*sich schnell auseinander*
geschwind, flieht vor dem	
Gespensterkind.	

Die Kinder können überlegen, wovor Gero sich da wohl gefürchtet hat. Tatsächlich erschrickt das Gespensterkind vor seinem eigenen Spiegelbild. Kinder amüsieren sich darüber, dass auch ein Gespenst Angst haben kann. Diese Eigenschaft macht das Gespenst sympathisch. Durch seine Furcht bewegt es sich auf der Ebene der Kinder.

Bei Wind und Wetter

Der Wetterhahn

*Wie hat sich sonst so schön der Hahn
auf unserem Turm gedreht
und damit jedem kundgetan,
woher der Wind geweht.*

*Doch seit dem letzten Sturme hat
er keinen rechten Lauf;
er hängt so schief, er ist so matt,
und keiner schaut mehr drauf.*

*Jetzt leckt man an den Finger halt
und hält ihn hoch geschwind.
Die Seite, wo der Finger kalt,
von daher weht der Wind.*

Wilhelm Busch

Windschlange

Material
★ Metallfolie (Aluminium
  oder Kupfer),
  die mit der Schere be-
  arbeitet werden kann
★ Stricknadel
  zum Prägen
★ Nylonfaden
★ 1 Perle
★ Nadel

Anleitung
Auf der Folie wird eine
kreisförmige Spirale aufgezeichnet und anschließend
mit der Schere ausge-

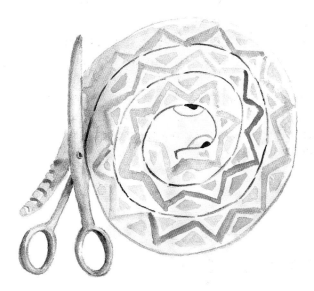

schnitten. Mit Hilfe einer Stricknadel prägen die Kinder ein Schlangen-
muster und Augen ein. Nun zieht man mit einer Nadel den Nylonfaden
durch den Mittelpunkt der Spirale. Am unteren Ende des Fadens wird
eine Perle verknotet.

Jetzt können die Kinder ihre Windschlange im Freien oder über der
Heizung aufhängen und das Spiel im Wind beobachten.

Hörst du den Wind in den Bäumen singen?

In den letzten Mo-
naten des Jahres
weht häufig eine
starker Wind,
auf den die Kinder schon lange
warten. Endlich können sie ihre
Flugdrachen hervorholen und
am Himmel tanzen lassen.
Der Wind erzeugt aber auch
Geräusche und Töne, wenn er
beispielsweise durch das Laub
der Bäume weht oder um die
Ecken der Häuser streicht.
Auch Klangspiele, die im Frei-
en aufgehängt werden, spielen
im Wind. Aus Naturmaterialien können die Kinder einfache Klangspiele
selbst herstellen. Sie knüpfen Muscheln, Hölzer und Steine an Schnü-
re, die sie an einem Stock befestigen. Zusätzlich können auch Metall-
teile und Tonscherben eingebunden werden. Dabei müssen die Kinder
darauf achten, dass die klingenden Teile einander berühren können.
Auch mit anderen Gegenständen lassen sich Geräuschexperimente
machen: leere Konservendosen, kleine Fläschchen und Folien aller Art
erzeugen die verschiedensten Geräusche.

Wer bin ich?

Ich hab weder Hände noch Schuh,
doch bin ich bei dir im Nu!
Streife um alle Ecken,

kann mich auch gut verstecken.
Doch eil ich herbei,
geht manches entzwei,
lass auch den Drachen steigen
und rüttle fest an den Zweigen.
Ich bin ein himmlisches Kind,
sag meinen Namen geschwind!

(Der Wind)

Nachdem die Kinder den Wind erraten haben, erzählen sie von ihren eigenen Winderfahrungen. Anschließend versuchen sie, mit ihrem Körper Wind zu erzeugen. Was können wir mit unserem Atem durch Pusten bewegen?

Der Hut *(Fingerspiel)*

Ein Mann hat	**rechte Hand flach**
einen neuen Hut,	**auf linke Faust legen**
Der steht ihm wirklich gar zu gut.	**linke Hand mit ›Hut‹ leicht drehen**
Er geht spazieren.	**beide Hände schrittweise nach rechts**
Kommt der Wind	**rechte Hand wegziehen**
und weht den Hut ihm weg geschwind.	
Der Wind, der bläst jetzt immer mehr	**blasen**
und treibt den Hut kreuz und quer.	**schnelles Bewegen der rechten Hand**
Der Mann, der ruft und rennt geschwind:	**schnelles Bewegen der linken Faust**
Lass meienn Hut, halt ein Herr Wind!	**Faust bleibt stehen**
Der Wind jedoch bläst immer noch:	**blasen**
Mann, lieber Mann, fang ihn die doch!	
Der Mann rennt hin, der Mann rennt her.	**Faust bewegt sich schnell**
Der Wind bläst immer mehr und mehr.	**blasen nach rechts und links**
Der Hut der lernt geschwind zu fliegen	**rechte Hand bewegt sich schnell**
Der Mann kann seinen Hut nicht kriegen.	**Faust hält still**
Jeztzt fliegt der Hut ganz hoch hinauf.	**rechte Hand hinaufführen**
Da steht am Haus ein Fenster auf.	**linke Hand greift an den Kopf**
	rechter Arm bildet ›Fensteröffnung‹
Der Wind lässt nicht sein Blasen sein	**durch die Öffnung wird rechte Hand**
und treibt den Hut zum Fenster rein.	**geschoben**
Da steht der Mann und lacht	**linke Faust ganz leicht›rasch**

und lacht:
Herr Wind, das hast du gut gemacht! | *hin- und her bewegen*
Er geht zur Haustür ganz schnell hin. | *rechte Hand stützt sich auf die*
Da wohnt ja die Frau Müller drin! | *rechte Hüfte und bildet Öffnung,*
| *zu der sich die linke Hand hinbewegt*

Frau Müller öffnet froh und munter | *rechte Hand bildet Faust, klettert*
Sie holt dem Mann den Hut herunter. | *hinauf, klettert hinab, Faust öffnet*
| *sich und legt sich flach auf linke Faust*

Der Mann, der geht schnell | *linke Faust mit rechter Hand bewegt*
nach Haus. | *sich schrittweise rasch nach rechts*
Und nun ist die Geschichte aus. | *beide Hände verstecken*
Elfriede Pausewang

Regenspaziergang

›Es gibt kein schlechtes Wetter, nur die falsche Kleidung‹, heißt es im Volksmund. Selbst bei Regenwetter können die Kinder, mit Regenmantel, Gummistiefel und Regenschirm gewappnet, ihrem Bewegungsdrang im Freien nachgehen. Bei Regen verändert sich die gewohnte Umwelt. Ein stetes Geräusch begleitet uns beim Spazierengehen. Je nach dem, wo der Regen aufkommt, gibt es immer wieder neue Geräusche. Auf der Straße hört es sich anders an, als auf den Autodächern und dort wiederum anders als unter den Bäumen. Wenn wir genau hinhören, können wir viele verschiedenen Klänge unterscheiden. Selbst das Licht wirkt an Regentagen verändert. Der Tag ist trüb und grau. Die Farben leuchten nicht, wie bei Sonnenschein. Geht man bei Nacht im Regen durch die Straßen, spiegeln sich die Lichter auf der regennassen Fahrbahn und in den Pfützen.
Während eines Spaziergangs im Regen können die Kinder auch Tiere beobachten. Vor allem von den Bewegungen eines Regenwurms sind die Kinder sehr fasziniert. Von ihrer Fürsorge veranlasst, retten sie Regenwürmer und Schnecken vom Gehsteig und der Straße. Viele Tiere ziehen sich bei Regenwetter in ihren Unterschlupf zurück.

Wenn's tropft im Advent

Es regnet ohne Unterlass,
dabei ist es doch Winter!

Woher stammt dieses viele Nass?
Ich komm schon noch dahinter.

Vielleicht ist die Frau Holle schuld,
die nicht die Betten klopft.
Ich denke mir, dass bei der Dame
die Waschmaschine tropft ...
Bruno Horst Bull

Regenklänge

Bei Regen werden Gefäße in unterschiedlicher Größe und aus verschiedenen Materialien aufgestellt. Wie klingen die Regentropfen auf einem Blechteller oder in einem Jogurtbecher?
Auch ein Loch in der Dachrinne des Kindergartens kann bei anhaltendem Regen zu interessanten Beobachtung dienen. Unter den Wasserstrahl werden unterschiedliche Materialien gehalten: eine Blechdose, eine Plastiktüte, ein Regenschirm, ein Kochtopf, ein Sandeimer und vieles mehr. Nach einer intensiven Experimentierphase können die Kinder mit geschlossenen Augen die entsprechenden Geräusche erraten.

Regenspiele

Bei starkem Regen fließt in der Rinne abschüssiger Straßen ein kleiner Bach. Kleine Schiffchen aus Papier oder Nussschalen suchen sich ihren Weg auf dem Rinnsal. Es ist lustig zu beobachten, was an Hindernissen aus Laub oder Unrat passiert. Vor dem nächsten Abflussgitter sollte allerdings ein Kind Wache halten, sonst verschwinden die Schiffe auf Nimmerwiedersehen.
Nussschiffchen, die mit kleinen, brennenden Kerzenstummeln ausgestattet sind, treiben über eine Pfütze. Welche Kerze brennt am längsten?
Aus verschiedenen Gefäßen, Rinnen und Röhren können die Kinder an einer Böschung eine Wasserstraße bauen. Das oberste Gefäß ist gleichzeitig das größte. Wenn dieses beim nächsten Regenschauer überläuft, wird das Wasser aufgefangen und durch Schläuche und Rohre geleitet.

Der Musikant *(Klanggeschichte)*

Instrumente

- ★ Regenstab
- ★ Trommel
- ★ Holzblocktrommel
- ★ Fingercymbeln
- ★ Xylophon
- ★ Metallophon
- ★ Glockenspiel

Bläst der Wind in die Wolken hinein,	**Regenstab langsam wenden**
purzeln viele kleine Regentropfen	
vom Himmel auf die Erde. Am Anfang	**Leise mit dem Schlegel**
fallen sie ganz langsam und leise.	**auf die Trommel schlagen**
Auf ihrer Reise landen sie zuerst	**Holzblocktrommel**
auf den Blättern der Bäume.	
Sanft spritzen sie dann auf die	**Fingercymbeln**
Blütenblätter der Blumen.	
Nun wird der Regen heftiger.	**Etwas lauter auf die Trommel schlagen**
Er klopft an die Fensterscheiben,	**Xylophon**
und tröpfelt in die Regentonne	**Metallophon**
im Garten.	

Aber dann kommt ein heftiger — **Schnell und laut**
Schauer und der Regen trommelt — **auf die Trommel schlagen**
auf die Dächer der Häuser.
Der Wind bläst kräftig dazu. — **Regenstab schnell wenden und**
Nun spielen der Regen und — **gleichzeitig auf die Trommel schlagen**
der Wind ein Duett.
Doch sie spielen nicht alleine,
wenn man die Ohren spitzt, kann
man auch den Klang des — **Gleichzeitig spielen auch das Xylophon,**
Regentropfens auf den Blättern, — **die Holzblocktrommel, die Cymbeln**
den Blumen, den Fensterscheiben — **und das Metallophon**
und in der Regentonne hören –
ein richtiges Regenorchester.
Plötzlich wird es still. Hinter der
Regenwolke schaut die Sonne hervor.
Mit ihren warmen Strahlen zieht sie — **Glockenspiel**
Tropfen für Tropfen aus den Pfützen
in den Himmel hinauf.

Wenn es draußen regnet

Text und Musik: Volker Rosin

Wenn es drau-ßen reg - net, dann macht mir das nichts
aus. Ich zieh die Gum-mi - stie - fel an und
lauf schnell aus dem Haus. Ich ho - le mei - ne
Freun - de, dann bin ich nicht al - lein.
Und dann sprin- gen wir ge - mein- sam in die Pfüt- zen
rein. in die Pfüt - zen rein.

2. Wenn es draußen regnet,
dann macht mir das nichts aus.
Ich zieh den Regenmantel an
und lauf schnell aus dem Haus.
Ich hole meine Freunde,
dann bin ich nicht allein.
In der Matsche können wir
mal kleine Ferkel sein.

3. Wenn es draußen regnet,
dann macht mir das nichts aus.
Ich setz mir die Kapuze auf
und lauf schnell aus dem Haus.
Ich hör noch Mutti rufen:
Pass auf, sonst wirst du nass!
Doch das macht mir gar nichts aus,
denn Regen macht mir Spaß.

St. Martin

Martin von Tours (geb. 316/17 n. Chr. – gestorben 398 n. Chr.) wurde als Sohn eines römischen Hauptmannes in Ungarn geboren. Er lernte schon früh den christlichen Glauben kennen. Als junger Mann wurde er Soldat. Nachdem er einem Bettler durch seine Hilfsbereitschaft das Leben gerettet hatte, nahm er den christlichen Glauben an und ließ sich taufen. Später quittiert er seinen Dienst im Heer, um Mönch und Missionar zu werden. Zum Bischof von Tours wurde er im Jahre 371 ernannt. Noch heute wird er in der katholischen Kirche als Heiliger verehrt. Seinen Namenstag feiern wir am 11. November.

Die Laternenumzüge und Lichterprozessionen im November knüpfen an die gute Tat St. Martins an. Sie sind in Deutschland und zum Teil im Ausland weit verbreitet und vor allem bei den Kindern sehr beliebt. Dazu gehört auch das Erzählen und Spielen der Martinslegende und die Vorbereitungen auf den Laternenumzug mit Basteln, Singen und Backen. Im St.-Martins-Umzug erfahren die Kinder von einer Person, die innere Wärme ausstrahlt. Martin teilt den Mantel und das Brot mit einem Bedürftigen und handelt damit beispielhaft für alle Menschen.

Das Teilen steht im Mittelpunkt der Legende um den heiligen St. Martin. Kindern im Vorschulalter fällt das Teilen entwicklungsbedingt nicht immer leicht. Sehr häufig sind die Kinder stolz auf ihren Besitz und übernehmen auch gerne Verantwortung dafür. Dies ist ein wichtiger Entwicklungsschritt, der wesentlich auf den späteren Umgang mit Eigentum und Fremdeigentum Einfluss nimmt. Somit können Kinder mit dem Zwang zum Teilen sogar überfordert werden. Doch gehört das Teilen auch zu den sozialen Fähigkeiten, die die Kindern lernen sollen. Deshalb ist es wichtig einen Weg zu finden, den die Kinder nachvollziehen können. Mit Verzicht verbinden die Kinder oft negative Erinnerungen wie Wut, Ausgeschlossensein, Einengung ... Freudige Erlebnisse dagegen vermitteln den Kindern Spaß am Teilen. Nicht nur für den Bettler ist es schön, eine Mantelhälfte zu besitzen, sondern auch für Martin, denn diesen erfüllt es mit Stolz, dass er helfen konnte. Kinder identifizieren sich mit dem heiligen Mann und empfinden auf ähnliche

Weise die Freude und den Stolz. Ebenso können sie sich auch in die Lage des Frierenden versetzen und somit seine Gefühle nachvollziehen. Im Kindergarten ist es möglich, Gelegenheiten zu schaffen, in denen die Kinder Freude am Teilen entwickeln. Sei es durch das Zubereiten einer Speise, zu der jeder eine Zutat beigetragen hat oder durch die Bereitschaft, ein Spielzeug mit einem anderen Kind zu teilen. Das Spielen zu zweit macht noch größeren Spaß. Das Teilen müssen die Kinder erst lernen. Dafür benötigen sie Zeit und Hilfestellung seitens der Erwachsenen, die die sozialen Fähigkeiten im täglichen Umgang vorleben.

Auch das Licht der Laterne fasziniert die Kinder. Nach den hellen Sommertagen, mit spät einsetzender Dämmerung, erfahren die Kinder im November schon recht dunkle und trübe Tage. Gerade dann verzaubern Kerzen und Tischleuchten die abgedunkelten Räume. Das warme Licht lädt alle zum gemeinsamen Essen, Spielen und Erzählen ein. Symbolhaft lernen die Kinder, dass Licht und Wärme durch Menschen und gute Taten weitergegeben werden können.

Martin teilt mit dem Bettler (Spielgeschichte)

Material
- ★ Bausteine aus Holz
- ★ 1 rotes Tuch aus Baumwolle (ca. 70 x 70 cm)
- ★ mehrere weiße Tücher
- ★ Häuser aus Pappe, Holz oder Ton (ca. 10 x 10 x 10 cm), in die Teelichter hineinpassen
- ★ Teelichter
- ★ 1 Biegepüppchen mit Stofffetzten als Bettler bekleidet
- ★ 1 Biegepüppchen mit einem roten Umhang bekleidet, den man durch einen Druckknopf bzw. Klettverschluss teilen kann
- ★ Pferd aus Holz auf dem St. Martin reiten kann
- ★ 1 Brötchen

Einstieg
Alle Kinder sitzen im Kreis, in dessen Mitte ein rotes Tuch ausgelegt ist. Die Erzieherin fordert ein paar Kinder auf, um das Tuch eine Mauer aus Bausteinen zu errichten. Nach Beendigung tauschen die Kinder ihre Assoziationen aus (z.B. Burg, Stadt).

Erzählung und Spiel

Vor vielen vielen Jahren passierte in einer französischen Stadt etwas Aufregendes. Die Stadt, von der ich erzähle, hieß Amiens und war von einer hohen Mauer umgeben.
(Die Kinder bauen Häuser und Stadttore auf.)
Eines Tages im Winter begann es kräftig zu schneien. Der weiße Schnee bedeckte die Dächer der Häuser, die Wiesen und Felder vor der Stadt. *(Weiße Tücher werden um die Stadtmauer gelegt.)* Die Menschen in den Häusern entzündeten das Feuer in den Kaminen und stellten Kerzen auf. *(Brennende Teelichter werden von der Erzieherin in die Häuser der Stadt gestellt.)*
So wurde es ihnen schnell warm und gemütlich. Doch draußen in der Kälte ging ein armer Mann durch die Straßen. *(Das erste Biegepüppchen wird durch die Straßen geführt.)* Er ist nur mit Lumpen bekleidet und friert bitterlich. Als er Licht in einem der Häuser sieht, klopft er an und fragt: »Bitte lasst mich ein, ich friere so sehr!« Doch die Leute in diesem Haus haben keinen Platz für ihn und wollen ihre Wärme nicht mit ihm teilen. Sie schicken ihn fort. So ergeht es dem Bettler an jedem Haus. Als der Abend kommt, treiben ihn die Wächter aus der Stadt und schließen die Stadttore, denn in der Nacht will man keine Fremden und Bettler in der Stadt haben. *(Einige Kinder schließen die Tore mit Bausteinen. Das Biegepüppchen wird vor die Mauer auf ein weißes Tuch gesetzt.)*
An diesem Abend ist auch eine Gruppe von Soldaten unterwegs. Die Männer sind gerade auf dem Heimweg und reiten in der Dämmerung der Stadt entgegen. Sie kommen nur langsam voran, da ein eisiger Wind weht. Einer der Soldaten heißt Martin.
Er hat ein schönes Pferd, auf das er sehr stolz ist. Auf seinem Kopf trägt er einen Helm und am Gürtel ein scharfes Schwert. Als das Schneetreiben zunimmt, hüllt er sich noch fester in seinen großen roten Mantel, der ihn vor der Kälte schützt. *(Das zweite Biegepüppchen wird auf dem Pferd über die weißen Tücher auf die Stadt zugeführt.)*
Doch plötzlich bleibt sein Pferd stehen. In der Dunkelheit sieht Martin den Bettler, der frierend im Schnee sitzt. Er lässt seine Kameraden weiterreiten und fragt ihn: »Warum sitzt du hier im Schnee?« Der arme Mann antwortet: »Man hat mich aus der Stadt vertrieben. Ich habe großen Hunger und friere am ganzen Körper.« *(Während des Dialogs spielt die Erzieherin mit den Figuren.)*

Daraufhin steigt Martin vom Pferd, nimmt sein Schwert und teilt seinen Mantel in zwei Hälften. Dann greift er in seinen Beutel und teilt auch das Brot. Beides übergibt Martin dem Bettler, der sogleich den Umhang um sich schlägt und das Brot verspeist. Sofort wird ihm warm. Martin selbst hängt sich die andere Hälfte des Mantels um, weil es sehr kalt ist. *(Die Erzieherin teilt den Umhang und bekleidet beide Biegepüppchen mit je einer Mantelhälfte. Ein weiteres Teelicht wird entzündet und mit dem geteilten Brötchen zum Bettler gestellt.)*

Als der arme Mann Martin danken will, ist dieser schon weitergezogen. Martin reitet durch das Stadttor zu seinem Haus. Da es schon spät geworden ist, legt er sich gleich ins Bett. In der Nacht hat er einen Traum. Er sieht Jesus, der den Teil seines Mantels trägt, den er dem Bettler gegeben hat. Am nächsten Morgen reitet Martin zum Soldatenhauptmann und übergibt ihm sein Pferd, den Helm und das Schwert. Er will nicht länger Soldat sein, sondern von nun an ganz zu Jesus gehören. *(Zum Abschluss kann das Brötchen auf alle Gruppenmitglieder aufgeteilt und verspeist werden.)*

Diese Szene kann noch einige Tage in einer Ecke des Gruppenraumes oder Kinderzimmers aufgebaut bleiben und den Kindern zum Spielen zugänglich sein. Anstelle der Kerzen können kleine Tücher in gelb und orange die Temperaturen zum Ausdruck bringen. Im häuslichen Bereich können auch vorhandene Duplo- oder Playmobilfiguren zum Spielen eingesetzt werden.

Durch das Mitgestalten wird jedes Kind in die Erzählung miteinbezogen und die Aufmerksamkeit wird dadurch gesteigert. Die Abwechselung von Erzähl- und Spielform fördert die Konzentration der Kinder. Die optischen Reize verhelfen dem Kind sich später wieder an die Legende zu erinnern.

Die Martinsgans – eine Legende

Nachdem Martin seinen Dienst bei den Soldaten aufgegeben hatte, lebte er als guter Mann und half den Kranken und Armen. Stets erinnerte er sich an die Worte aus der Bibel: »Wer den Armen hilft, der hilft Jesus«. Martin wurde Priester und hielt Gottesdienst in der Kirche des Bischofs. Als der Bischof starb, wünschten sich die Menschen, dass

Martin seine Stelle antreten solle. Martin jedoch hatte Angst und wollte diese schwere Aufgabe nicht übernehmen. Als die Menschen auf sein Haus zukamen, versteckte sich Martin schnell im Gänsestall, damit sie ihn nicht finden und zum Bischof machen konnten. »Hier in diesem kleinen Stall werden sie mich nie suchen«, dachte Martin. Doch vor lauter Schreck rannten die Gänse laut schnatternd aus dem Stall und daher wussten die Leute, wo sie Martin zu suchen hatten.

Alle Menschen freuten sich, dass sie Martin gefunden hatten, brachten ihn in die Stadt und machten ihn zum Bischof. Er erfüllte seine Aufgabe sehr gut.

Wärme kann man teilen

1. Und so sit-zen wir bei-sam-men und wir wär-men uns. Ja, so sit-zen wir bei-sam-men und wir freu-en uns. *Refrain* Wär-me kann man tei-len, Wär-me strah-let aus. Wär-me gibt's für al-le, al-le in dem Haus.

2. Wärme kann man teilen, sieht sie aber nicht.
Wärme, das ist Leben, Wärme, das ist Licht.

3. Wärme kann man schenken. Teilt die Wärme aus!
Wo wir Wärme schenken, dort sind wir zu Haus.

St. Martin ritt durch Schnee und Wind

volkstümlich

1. Sankt Mar - tin, Sankt Mar - tin, Sankt Mar-tin ritt durch Schnee und Wind, sein Ross, das trug ihn fort ge-schwind. Sankt Mar - tin ritt mit leich - tem Mut, sein Man - tel deckt ihn warm und gut.

2. Im Schnee saß, im Schnee saß,
   im Schnee, da saß ein armer Mann,
   hat Kleider nicht, hat Lumpen an.
   O, helft mir doch aus meiner Not,
   sonst ist der bittre Frost mein Tod!

3. Sankt Martin, Sankt Martin,
   Sankt Martin zog die Zügel an,
   das Ross stand still beim armen Mann.
   Sankt Martin mit dem Schwerte teilt
   den warmen Mantel unverweilt.

4. Sankt Martin, Sankt Martin,
   Sankt Martin gab den halben still,
   der Bettler rasch ihm danken will.
   Sankt Martin aber ritt in Eil
   hinweg mit seinem Mantelteil.

5. Sankt Martin, Sankt Martin,
   Sankt Martin leg dich still zur Ruh,
   da tritt im Traum der Herr hinzu.
   Der spricht: »Hab Dank, du Reitersmann,
   für das was du an mir getan!«

Brauchtum

In einigen Bäckereien kann man zur Erinnerung an die bedeutende Rolle der Gänse in der Martinslegende am 11. November Gänse aus Hefeteig kaufen. Auch gibt es Familien, die nach dem Laternenumzug gemeinsam einen Gänsebraten essen und hierzu Freunde oder Nachbarn einladen, um das Abendessen zu teilen. In vielen Gemeinden wird auch im Anschluss an den Laternenumzug und das Rollenspiel Gänsegebäck an die Kinder verteilt.

Gänse aus Blätterteig

Zutaten
★ tiefgefrorene Blätterteigscheiben
★ Eigelb zum Bestreichen
★ je nach Geschmack: Zucker oder geriebener Käse

Hilfsmittel
★ Teigrolle
★ Gänseausstecher
★ Backpapier
★ Pinsel

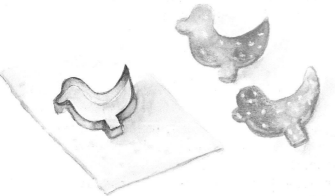

Zubereitung
Die Scheiben des Blätterteigs werden nach dem Auftauen noch etwas ausgewellt. Die Kinder stechen mit dem Ausstecher die Gänse aus dem Teig aus und legen sie auf das mit Backpapier ausgelegte Backblech. Mit dem Pinsel streichen die Kinder Eigelb auf das Gebäck, das sie anschließend mit Zucker oder Käse bestreuen. Nun werden die Gänse gemäß der Backanleitung auf der Verpackung goldbraun gebacken. Recht schnell können sie nach dem Abkühlen serviert werden.

Kokosgans

Zutaten
- ★ 3 Eiweiß
- ★ 250 g Puderzucker
- ★ 1 Päckchen Vanillinzucker
- ★ 1 Prise Salz
- ★ 250 g Kokosraspel

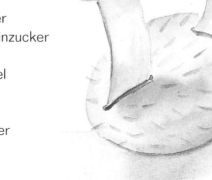

Hilfsmittel
- ★ Handrührgerät oder Küchenmaschine
- ★ Backpapier
- ★ weißes Papier für Kopf und Schwanz der Gänse

Zubereitung
Eiweiß zu steifem Schnee schlagen, nach und nach Puderzucker, Vanillinzucker und Salz hineinrühren. Anschließend werden die Kokosraspel vorsichtig untergehoben. Aus der Teigmasse formen die Kinder mit Hilfe von zwei Esslöffeln Häufchen auf das Backpapier. Diese stellen später die Bäuche der Gänse dar.

Backzeit: 20–30 Minuten, **Temperatur:** 150–160 °C.

Aus weißem Papier schneiden die Kinder Kopf und Schwanz der Gans aus und stecken beides in die erkalteten Kokosbäuche.

Laternen

Mit großem Eifer basteln die Kinder jedes Jahr eine neue Laterne. Nach einigen Jahren ziert eine anschauliche Laternensammlung die Kinderzimmer und erinnert somit an die Zeit im Kindergarten und in der Grundschule. An lauen Sommerabenden lässt sich mit all den bunten Laternen ein schönes Fest gestalten.

Nicht nur mit dem Laternenbasteln bereiten sich die Kinder auf das Fest des Heiligen Martin vor. Doch steht das Basteln in den meisten Einrichtungen im Mittelpunkt. Einige Kindergärten laden auch die Eltern hierzu ein. Die größte Freude an ihrer Laterne entwickeln die Kinder dann, wenn sie möglichst viele Arbeitsschritte, in einem zeitlich überschaubaren Rahmen, alleine ausführen können.

Martinsgans-Laterne

Material

★ Luftballon
★ kleiner Eimer oder Schale zum Abstellen des Luftballons
★ Transparentpapier in verschiedenen Farben, in Schnipsel gerissen
★ Tapetenkleister
★ Wasser
★ Faden
★ Schere
★ Drahtbügel
★ Kerzenhalter aus Metall und Kerze
★ Laternenstab aus Holz

Anleitung

Die Transparentpapier-
schnipsel werden in
Wasser getaucht und
so auf den aufgeblase-
nen Luftballon gelegt,
dass sie sich überlap-
pen. Ist der Ballon
ganz mit Papier be-
deckt, streichen ihn die
Kinder dünn mit Kleister
ein und bekleben ihn mit
weiteren Schnipseln. Ins-
gesamt werden mind. drei
Lagen Papier benötigt, um
der Laterne Stabilität zu geben. Wichtig ist, dass alle
Papierschnipsel, vor allem die
Ecken, gut am Ballon kleben.
Am Knoten des Luftballons

wird ein Faden befestigt und daran wird er zum Trocknen aufgehängt.
Wenn die Transparentpapierschicht ganz hart geworden ist, kann wei-
tergearbeitet werden: Mit einer spitzen Schere schneidet man an der
Stelle ein, an der später die Öffnung für die Kerze sein soll. Der Luftballon zieht sich zusammen und kann leicht herausgenommen werden.

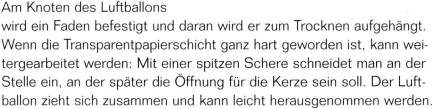

Zieht sich bei diesem Vorgang auch das Papier zusammen, kann dies vorsichtig wieder ausgebeult werden.

Jetzt zeichnen die Kinder auf Tonpapier den Kopf und den Schwanz einer Gans auf. An der Ansatzstelle wird das Papier gefalzt und mit Leim am Ballon angeklebt. Je nach Wunsch können die Kinder auch noch Füße gestalten.

Zum Schluss werden noch Kerzenhalter und Haltedraht an der Laterne befestigt, die man in jedem Bastelgeschäft bekommt.

Vereinfachung für jüngere Kinder: Die Anforderung ist für die Kleinsten in der Gruppe schon mit dem Bekleben des Ballons groß genug. Ältere Kinder, die Ihre Laterne schon fertiggestellt haben, sind aus Erfahrung gerne bereit, den Jüngeren dabei zu helfen. Die Laterne wirkt schon allein durch ihre Farbigkeit und muss daher nicht von jedem Kind als Gans ausgearbeitet werden.

Bedruckte Laterne

Material

★ Käseschachtel, ca. 15 cm Durchmesser
★ Butterbrotpapier (28 x 52 cm)
★ Fingerfarben

- ★ Stempel (z.B. Korken, Schaumstoffreste, Schwämmchen oder Schwammtücher)
- ★ Pinsel
- ★ Leim
- ★ Drahtbügel
- ★ Kerzenhalter aus Metall und Kerze
- ★ Laternenstab

Anleitung

Gestaltung der Pa-
piere: Pro Laterne
wird nur eine
Stempelart ver-
wendet. Mit
dem Pinsel wird
die Farbe auf den
Stempel aufgetra-

gen. Je nach Wunsch und Ausdauer bedrucken die Kinder
das Papier. Dabei können sie verschiedene helle Farben einsetzen.
Besonders hübsch werden Laternen mit selbstausgedachten Mustern.
Herstellen der Laterne: Farblich passend zum Papier bemalen die Kinder den Deckel und den Boden der Käseschachtel, die anschließend
auch Ober- und Unterteil der Laterne bilden. Bevor man das bedruckte
Papier einkleben kann, muss man aus dem Deckel der Käseschachtel
die ›Mitte‹ herauslösen oder ausschneiden. Bei den meisten Schach-
teln lässt sie sich einfach herausdrücken. Das bedruckte Pergament-
papier wird von innen an den Boden und den Rand des Deckels der
Käseschachtel geklebt. Zum Schluss befestigt man nun den Kerzenhalter und den Haltedraht.

Vereinfachung für jüngere Kinder: Kinder, die noch nicht mit dem Pinsel umgehen können, bedrucken das Papier mit den Fingern.

Öltunk-Laterne

Material
- ★ 2 Butterbrotpapiere (20 x 20 cm)
- ★ flache Schale, die etwas größer als das Papier ist
  (z.B. Salatschale, altes Backblech)

- ★ Wasser in Raumtemperatur
- ★ Ölhaltige Farben: z.B. Kaltkeramikfarben
- ★ Wäscheklammern zum Festhalten des Papiers
- ★ Zeitung zum Schutz der Unterlage
- ★ Käseschachtel
- ★ Finger- oder Wasserfarbe
- ★ Pinsel
- ★ Schere
- ★ Leim
- ★ Bastelkarton
- ★ Kerzenhalter aus Metall und Kerze
- ★ Drahtbügel
- ★ Laternenstab

Anleitung

Gestaltung der Öltunkpapiere: Die Farben werden vorsichtig in die Schale mit Wasser getropft. Die Farben müssen sich auf der Wasseroberfläche ausbreiten. Mit einem Stäbchen werden sie gemischt, bis die Wasseroberfläche gleichmäßig bedeckt ist. Dann halten die Kinder das Papier mit den Wäscheklammern an zwei diagonal gegenüberliegenden Ecken fest und lassen es auf die Wasseroberfläche gleiten. Es sollten keine Luftblasen zwischen Papier und Wasseroberfläche sein, da sich sonst das Papier an dieser Stelle nicht färbt. An zwei benachbarten Ecken wird das Papier wieder hochgehoben. Nachdem das Wasser abgetropft ist, wird das Blatt zum Trocknen, mit dem Muster nach oben, auf Zeitungspapier ausgelegt. Werden beim nächsten Papier andere Farben gewünscht, zieht man die Farben in der Schale mit einem Streifen aus Zeitungspapier ab. Auf diese Weise wird zum Schluss das Wasser auch gereinigt bis es farblos ist.

Herstellen der Laterne: Bei dieser Laterne bilden Deckel und Boden der Käseschachtel die Seitenwände. Aus dem Boden der Käseschachtel wird wie beim Deckel die innere Pappe herausgeschnitten oder -gelöst. Die Kinder malen die Käseschachtel mit Fingerfarben an und

lassen sie trocknen. Aus den Öltunkpapieren schneidet man zwei Kreise mit einem Durchmesser von je 15 cm, die dann mit Leim von innen
an die Käseschachteln geklebt werden. Aus Bastelkarton schneiden
die Kinder einen Streifen von 10 cm Breite und 30 cm Länge, der als
Verbindungsstück und Boden mit Leim zwischen die beiden Seiten geklebt wird (zum Fixieren bis der Leim getrocknet ist, helfen Wäscheklammern). Nun fehlen nur noch Kerzenhalter und Haltedraht, die am
Bastelkarton angebracht werden.

Ich geh mit meiner Laterne

aus Norddeutschland

1. Ich geh mit meiner Laterne und meine Laterne mit mir.
Da oben leuchten die Sterne, hier unten leuchten wir.
Ein Lichtermeer zu Martins Ehr. Rabimmel, rabammel, rabumm.

2. Ich geh mit meiner Laterne ...
   Der Martinsmann, der zieht voran.
   Rabimmel, rabammel, rabumm.

3. Ich geh mit meiner Laterne ...
   Wie schön das klingt, wenn jeder singt.
   Rabimmel, rabammel, rabumm.

4. Ich geh mit meiner Laterne ...
   Ein Kuchenduft liegt in der Luft.
   Rabimmel, rabammel, rabumm.

5. Ich geh mit meiner Laterne ...
   Beschenkt uns heut, ihr lieben Leut.
   Rabimmel, rabammel, rabumm.

6. Ich geh mit meiner Laterne ...
   Mein Licht ist aus, ich geh nach Haus..
   Rabimmel, rabammel, rabumm.

Laternenfest

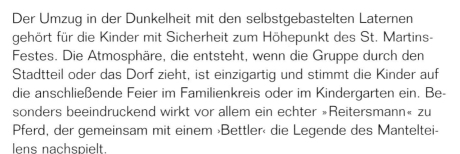

Der Umzug in der Dunkelheit mit den selbstgebastelten Laternen gehört für die Kinder mit Sicherheit zum Höhepunkt des St. Martins-Festes. Die Atmosphäre, die entsteht, wenn die Gruppe durch den Stadtteil oder das Dorf zieht, ist einzigartig und stimmt die Kinder auf die anschließende Feier im Familienkreis oder im Kindergarten ein. Besonders beeindruckend wirkt vor allem ein echter »Reitersmann« zu Pferd, der gemeinsam mit einem ›Bettler‹ die Legende des Mantelteilens nachspielt.

Durch den gemeinsamen Verzehr von Gänsegebäck wird das Thema des Tages, das Teilen, erlebt. Aufgrund der Kälte, die an diesem Tag meist herrscht, bietet sich auch der Ausschank von Kinderpunsch und Glühwein an. In den meisten Gemeinden oder Kindergärten finden sich für diese Angebote Eltern, die sich gerne um die Zubereitung und den Ausschank kümmern, da gesellige Treffen oft großen Anklang finden und die Gemeinschaft fördern.

Apfelpunsch

Zutaten für ca. 6 Tassen

★ 1 Liter Apfelsaft
★ 5 Nelken
★ 1 Zimtstange
★ je 1 unbehandelte Zitrone und Orange
★ 1 Karambole (Sternenfrucht)

Hilfsmittel

★ Zitruspresse
★ Juliennereißer oder Zestenmesser
  (zur Herstellung von sehr feinen Zitrusschalenstreifen)
★ Küchenmesser

Zubereitung

Mit dem Juliennereißer oder Zestenmesser werden die Schalen der Orange und der Zitrone dünn abgeschält. Anschließend pressen die Kinder die Früchte aus. Der Apfelsaft wird mit den Gewürzen und Zitrusschalen erhitzt (nicht kochen lassen). Während der Punsch zieht, wird die Karambole in dünne Scheiben geschnitten und nach ca. 10 Minuten werden die sternförmigen Scheiben der exotischen Frucht mit dem Zitrussaft in den heißen Apfelsaft gegeben. Der Punsch wird sofort serviert und warm getrunken.

Gemeinsames Feiern in der Familie: Je nach den Örtlichkeiten oder der Größe des Kindergartens, ist es nicht allen Gemeinden möglich, ein Fest im Freien zu organisieren. Doch gibt es genügend Gestaltungsmöglichkeiten, das Fest auch zu Hause schön ausklingen zu lassen: Am Nachmittag wird die Wohnung mit Tischleuchten und Kerzen geschmückt, um nach dem Umzug den Zauber des Laternenlichtes auch in das Haus zu holen.

Großeltern oder Freunde werden zum Abendessen eingeladen. Durch das Mitbringen einer Zutat nehmen sie an der Zubereitung des gemeinsamen Essens teil. Aber auch das Teilen einer Pizza oder Pastete, die dem Geschmack der Kinder entspricht, kann das Thema des Tages vertiefen. Die Pizza kann in Form einer Gans serviert oder die Pastete mit kleinen Teiggänsen verziert werden.

Ausklang im Kindergarten

Am folgenden Tag kann in der Einrichtung das Fest noch nachklingen durch:

★ das Erzählen von Laternengeschichten
★ Lichter-, Laternen- oder Feuertänze (einfache Bewegungen mit Laternen oder Tüchern zu klassischer Musik)
★ eine Kerzenmeditation

Auch das Teilen wird nochmals thematisiert:

★ Jedes Kind bringt von zu Hause eine Zutat für das gemeinsame Frühstück in der Gruppe mit.
★ Eine Gruppe backt einen Kuchen und teilt ihn in einer kleinen Zeremonie mit wenigen Worten und einem Lied mit einer anderen Gruppe.
★ Die Kinder backen kleine Törtchen oder verzieren Kerzen und verschenken diese schön verpackt an Personen, die einen Bezug zum Kindergarten haben (z.B. Pfarrer, Hausmeister, Reinemachefrau ...).

Gemeinschaftsarbeit zum Laternenfest

Wenn die Eindrücke, die die Kinder während des Laternenumzugs gesammelt haben, noch am intensivsten sind, verlangen sie nach Ausdrucksmöglichkeiten ihrer Erfahrungen. Dies kann in verschiedener Weise stattfinden, unter anderem auch durch ein gemeinschaftliches Malen auf Papier. So können die Kinder ihr Martins-Fest nacherleben und nacherzählen.

Material
★ weißes Papier auf der Rolle (z.B. Zeitungspapier, Makulaturpapier)
★ Fingerfarben
★ Pinsel (für jede Farbe einen)

Anleitung
Das Papier wird in einem großen Raum ausgerollt, damit jedes Kind einen Platz zum Malen findet. Eine Gemeinschaftsarbeit muss nicht gemeinsam zum gleichen Zeitpunkt entstehen. Daher ist es ratsam in Kleingruppen zu arbeiten. Mit leicht verdünnten Fingerfarben malt jedes Kind sich selbst mit seiner Laterne. Zum Mischen der Farben sollten zusätzlich kleine Schälchen und Pinsel bereitstehen.
Nach Wunsch kann auch eine Kleingruppe das Malen des St. Martins und des Bettlers übernehmen.
Dieses sehr langgestreckte Bild braucht auch genügend Platz an der Wand. In vielen Einrichtungen bietet sich der Flur an. Aber vielleicht kann solch ein Kinder-Kunstwerk auch einmal ein öffentliches Gebäude (z.B. Gemeindezentrum, Kirche, Rathaus ...) schmücken!

Advent

Erinnern wir uns an die Vorweihnachtszeit unserer eigenen Kindheit, so denken wir in erster Linie an geheimnisvolle Wochen und Tage in freudiger Erwartung auf das Weihnachtsfest. In der heutigen Zeit, die häufig durch Hetze und Stress bestimmt wird, scheint der Advent an Bedeutung zu verlieren. Dennoch treffen wir in vielen Familien auf Traditionen und Riten, die an die Geburt Jesu erinnern wollen und einen Bezug zum lebendigem Glauben haben. Damit jedoch der Sinn dieser Bräuche nicht verloren geht, müssen wir uns deren Bedeutung von Zeit zu Zeit wieder bewusst machen. So kann z. B. der Adventskranz mit seiner grünen Grundfarbe als ein Zeichen der Hoffnung verstanden werden. Den Kranz kann man deuten als ein königliches Symbol, das uns auf das Kommen des Königs Jesus Christus vorbreitet. Die Flamme einer Kerze leuchtet und wärmt. Sie ist ein Zeichen für das wahre Licht, das Gott durch die Geburt seines Sohnes in die Dunkelheit der Welt bringt. Neben solchen Zeichen sind den Kindern weitere Traditionen der Adventszeit bekannt. Das gemeinsame Singen und Musizieren, das Basteln und Verpacken von Geschenken und das Feiern von Festen in Vereinen und Gruppen gehört in den meisten Familien dazu. Somit sind die Wochen vor Weihnachten meist überladen und die Familie kommt nicht zur Ruhe.

Bewusst erlebt, kann der Advent aber auch eine Zeit der Sammlung, des Kraftschöpfens und Innehaltens sein. Indem wir eine Auswahl aus dem bestehenden Angebot treffen, finden wir wieder Zeit für uns selbst.

Ein afrikanisches Sprichwort besagt: »Gott besucht uns oft, aber die meiste Zeit sind wir nicht zu Hause.« Wer mit Kindern arbeitet, sollte sich diese Worte zu Herzen nehmen und gemeinsam mit ihnen eine ›Rast einlegen‹. Gerade die Kinder werden in dieser Zeit mit Reizen überflutet. Damit sie alle gesammelten Eindrücke verarbeiten können, brauchen sie Raum, der Freiheit lässt für Spiel, Kreativität und Träume, in denen sie sich wiegen können. Kinder brauchen die Zeit, ihre inneren Empfindungen individuell auszudrücken. Erst dadurch wird die Vorfreude auf das Fest zum wahren Genuss.

Kerzenglanz und Tannenduft

Adventskranz

Ab dem ersten Advent ziert ein Kranz aus grünen Zweigen mit vier
Kerzen die meisten Wohnungen. An den vier Sonntagen vor Weih-
nachten wird stets eine weitere Kerze angezündet. Der Adventskranz
ist in Form, Farbe und Schmuck ein Zeichen dafür, dass das Fest der
Geburt Jesu nahe ist. Im Anzünden der Kerzen wird für die Kinder der
Zeitraum bis Weihnachten überschaubar.

Auch im Kindergarten kann der Adventskranz eine zentrale Rolle spielen. Jeden Montag im Advent treffen sich alle Kinder und Erzieherinnen
der Einrichtung an einem großen Kranz, der an einer zentralen Stelle
im Kindergarten (z. B. Eingangsbereich, Flur) aufgehängt wurde, um
das Anzünden der Kerzen zu feiern. Diese Zeremonie kann auch durch
kurze Beiträge in Form von Liedern, Gedichten oder Rollenspiele der
ein oder anderen Gruppe ausgestaltet werden. Da die Kinder beim
Binden des Kranzes wenig helfen können, schmücken sie ihn im Laufe
des Advents nach ihren Möglichkeiten. Somit bekommen sie auch
einen Bezug zum Adventskranz ihrer Kindertageseinrichtung.

Adventskranz aus Tannenzweigen gelegt

Material
★ grünes Baumwolltuch (70 x 70 cm)
★ grüne Tannenzweige
★ 4 rote Kerzen
★ Legematerial (Naturma-
terialien, Legetäfelchen
und Strohhalme ...)

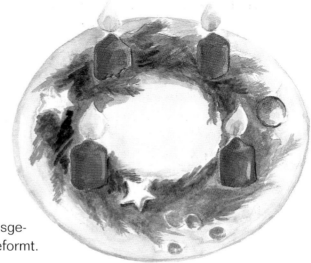

Alle Teilnehmer sitzen im
Kreis auf dem Boden. In der
Mitte wird das grüne Tuch ausge-
breitet und zu einem Kreis geformt.

Die Kinder werden aufgefordert die Augen zu schließen und ›innere Bilder‹ entstehen zu lassen: »Wo sehen wir die grüne Farbe und den Kreis? Im Winter verändert sich die Natur. Die Bäume und Sträucher verlieren ihre Blätter und damit auch die grüne Farbe. Nur ein Baum bleibt auch im Winter grün – der Tannenbaum. «

Ein Tannenzweig wird im Kreis weitergereicht. Jedes Kind bekommt die Möglichkeit, den Zweig mit vielen Sinnen aufzunehmen (sehen, tasten, riechen) und seine Eindrücke dazu wiederzugeben.

Die Kinder schließen nun nochmals ihre Augen und formen mir beiden Händen ein Körbchen. Die Erzieherin geht um und berührt ein Kind nach dem anderen mit einem kleinen Zweig, den sie anschließend in deren Hände legt. Wenn die Kinder die Berührung spüren, öffnen sie die Augen wieder. Die Erzieherin erklärt: »Die grünen Zweige im Winter wollen auch uns etwas sagen: Wir zieren im Winter die Häuser! Wir werden geschmückt! Wir dürfen Kerzen tragen! Wir werden zu einem Kranz gebunden!«

Die Kinder werden nun aufgefordert, der Reihe nach und in Stille ihre Zweige zu einem Kranz auf das grüne Tuch zu legen. Die Erzieherin kann noch ergänzen: »Bei einem Kranz, Kreis oder Ring gibt es kein Anfang und kein Ende. Es gibt auch keine Ecken. Alles ist rund und alles ist miteinander verbunden.«

Jedes Kind versucht jetzt, mit seinen eigenen Körper einem Kreis zu formen. Durch die Bewegung mit dem eigenen Körper bekommen die Kinder einen Zugang zur Aussage des Kranzes.

Zurück im Kreis reichen sich alle die Hände. Auf diese Weise empfinden die Kinder die Verbundenheit mit der Gruppe. Vier Kinder stellen die roten Kerzen auf den Kranz. Die Erzieherin kann mit den Kindern das folgende Gebet sprechen:

Der Adventskranz will uns etwas sagen:
Bald ist Weihnachten. Gott schenkt uns seinen eigenen Sohn.
Der Tag ist nicht mehr weit, an dem Jesus geboren wird.
Vater im Himmel, guter Gott!
Du schickst uns deinen Sohn,
damit er Freude und Frieden auf die Welt bringt.
Lass uns in unserer Gruppe viel Freude haben.
Hilf uns Freunde zu finden,
mit denen wir ganz eng verbunden sind.
Amen.

Zum Abschluss verzieren die Kinder den Kranz mit dem Legematerial.
Damit sie dazu Ruhe und Muße finden, läuft im Hintergrund Meditationsmusik.

Adventskranz

Text und Musik: Volker Rosin

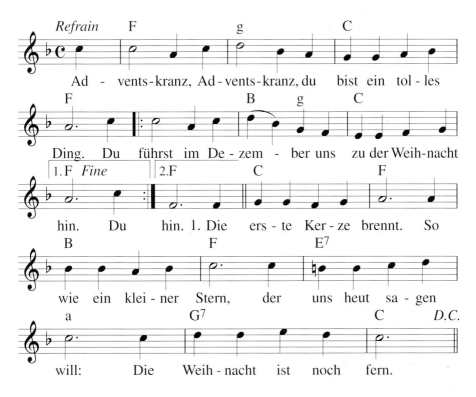

Ad - vents-kranz, Ad - vents-kranz, du bist ein tol - les
Ding. Du führst im De - zem - ber uns zu der Weih-nacht
hin. Du hin. 1. Die ers - te Ker - ze brennt. So
wie ein klei - ner Stern, der uns heut sa - gen
will: Die Weih - nacht ist noch fern.

2. Die zweite Kerze brennt.
   Erleuchtet unser Haus.
   Und draußen vor der Tür,
   da steht der Nikolaus.

3. Die dritte Kerze brennt.
   Nun ist es nicht mehr weit.
   Hey Kinder, seht mal an:
   Es hat heut Nacht geschneit.

4. Die vierte Kerze brennt.
   Erstrahlt mit hellem Schein.
   Bringt in der Weihnachtszeit
   Licht in mein Herz hinein.

Vier Kerzen sollen
an meinem Adventskranz brennen

Die erste Kerze sagt: Hurra!
Die Adventszeit ist wieder da.
Endlich kommt die ruhige Zeit,
macht euch für das Weihnachtsfest bereit.

Leuchtet dann die zweite Kerze,
macht Nikolaus schon seine Scherze.
Füllt Teller oder Strümpfe,
bringt Lob, niemals Schimpfe.
Denn er war ein guter Mann,
dem man heut noch danken kann.

Wenn die dritte Kerze brennt,
Luca* schnell zum Ofen rennt.
Aus der Küche riecht es lecker,
wie manchmal drüben bei unserem Bäcker.
Doch die Plätzchen sind verschwunden,
keinen Krümel hat er gefunden.

Die vierte Kerze leuchtet hell,
Mama schließt die Schranktür schnell.
Am Abend werkt Papa verdächtig lange,
unten im Keller mit Hammer und Zange.
Wer weiß, was sich dort so versteckt?
Bis heut hab ich noch nichts entdeckt.

Doch lange wird es nicht mehr dauern,
bis hinter Türen, Fenstern und Mauern,
wir die Lichter des Christbaums erblicken
und euch die Frohe Botschaft schicken.
Jetzt kommen hervor die Heimlichkeiten,
die uns riesige Freude bereiten.

* hier können natürlich andere Namen eingesetzt werden

Adventskalender

Für den 1. bis 24. Dezember besitzen die meisten Kinder einen Adventskalender, der an jedem Tag eine kleine Überraschung birgt. Zu einem besonderen Moment des Tages kann das Öffnen der kleinen Tür oder des Säckchens werden, wenn sich die ganze Familie dafür Zeit nimmt. Auch im Kindergarten wird den Kindern die Wartezeit auf Weihnachten auf diese Weise ›versüßt‹. Mit einer Geschichte, einem kleinen Geschenk oder anderen Überraschungen wird die Gruppe täglich erfreut.

Wichtelwald

Der Wichtelwald ist eine Möglichkeit den Adventskranz gemeinsam zu gestalten und gleichzeitig jedes einzelne Kind zu beschenken. Zudem kann der Wichtelwald auch einen besinnlichen Beitrag leisten, indem die Kinder bei der Betrachtung und bei der Beobachtung möglicher Veränderungen zur Ruhe kommen. Der Wichtelwald ist also nicht nur

dekorativ, sondern er schafft Beziehungen. Die Kinder sind an der Gestaltung beteiligt und finden dadurch einen Bezug zu den Wichtelmännern. Daher ist es sehr schön, wenn die Raumgestaltung des Gruppenzimmers im Advent auch den Wichtelwald berücksichtigt. Er wird bestimmt ein täglicher Treffpunkt der Gruppe sein.

Material
★ Tücher
★ Moos
★ Zweige
★ Wurzeln
★ Äste
★ anderen Naturmaterialien
★ Zwerge aus Ton, Märchenwolle oder schon vorhandene Spielfiguren
★ kleine ›Wichtelsäckchen‹
★ kleine Schmucksteine für das Säckchen

Vorbereitung
Mit Tüchern, Moos, Zweigen, Wurzeln, Ästen und anderen Naturmaterialien wird eine Landschaft aufgebaut, in der kleine Wichtel oder Zwerge ihr Zuhause finden. Mit Möbeln und Zubehör aus dem Puppenhaus können auch Höhlen und Stübchen ausgestaltet werden. Im Verlauf des Advents wird die Weihnachtskrippe in die Landschaft integriert. Die Anzahl der Wichtel entspricht der Gruppenstärke. Für jedes Kind wird auch ein Säckchen mit einem ›Edelstein‹ (Glasstein, Murmel) gefüllt. Ende November bringt jedes Kind eine Kerze von zu Hause mit. Diese werden auf einem kleinen Tisch neben dem Wichtelwald plaziert. Am ersten Dezember trifft sich die Gruppe nun zur ersten Wichtelrunde: Dabei wird die Kerze eines Kindes leuchten und ein Wichtel trägt ein gefülltes Säckchen bei sich. In einem Brief stellen sich die Wichtel den Kindern vor und erklären ihnen, was es mit dem Wichtelwald auf sich hat.

Liebe Kinder,

herzlich willkommen! Wie schön, dass ihr nun jeden Tag unseren Wichtelwald besucht. Wie Ihr ja schon entdeckt habt, haben wir all eure Kerzen zu uns in den Wichtelwald geholt. Ab heute wird an jedem Tag im Advent eine eurer Kerzen leuchten. Das Kind, das diese Kerze mitgebracht hat, darf sich im Wichtelwald einen von uns Wichteln aussuchen,

und ihn mit samt seinem Wichtelsäckchen mit nach Hause nehmen. Die Kerzen möchten wir aber alle behalten, denn erst wenn jede eurer Kerzen einmal gebrannt hat, wird es Weihnachten und wir können die Geburt von Jesus feiern.

Außerdem wünschen wir Wichtel uns viele schöne Adventslieder und -gedichte von euch. Wir sind schon sehr gespannt!

Wichtelwichtige Grüße aus dem Wichtelwald
Else Wichtel

Während der täglichen Wichtelrunden können natürlich auch wichtige Ereignisse und Feste, Geschichten und Spiele ihren Platz finden. Je näher das Weihnachtsfest rückt, um so mehr kann der Wichtelwald mit Hirten und Schafen und einem Stall mit Futterkrippe ausgebaut werden. Auch Maria und Josef können sich auf den Weg nach Betlehem machen, um dort eine Herberge zu suchen.

Jedes Kind übernimmt auch Verantwortung für seinen Wichtel, der dann in der Wohnung des Kindes ein neues zu Hause findet. Mit Hilfe der Kinder können sie auch dort kleine Überraschungen bereiten. Eine versteckte Nuß in Mamas Hausschuhen oder ein gebastelter Stern in Papas Zahnputzglas sind nur kleine Beispiele für den Ideenreichtum der Kinder. Dadurch machen die Kinder die Erfahrung, dass nicht nur das Beschenktwerden Freude bereitet, sondern auch das (heimliche) Schenken großen Spaß macht.

Wichtel-Gärtchen

Dem Wichtel, den die Kinder mit nach Hause nehmen, gestalten sie ein gemütliches Heim. Ein flaches Körbchen oder ein Topfuntersetzer aus Ton wird ebenfalls mit Moos und anderen Naturmaterialien geschmückt. Auch dieses Gärtchen kann später mit den Krippenfiguren von jedem Kind ergänzt werden.

Schlüsselloch

Die Spannung in der Vorweihnachtszeit steigt, wenn die Mama mit Tüten und Geschenkpapier hinter verschlossenen Türen verschwindet. Es raschelt und knistert, während die Kinder um den Platz am Schlüsselloch streiten. Kann man durch dieses kleine Loch etwas sehen? Für dieses Spiel braucht man einen Schuhkarton, in dessen Deckel ein

›Schlüsselloch‹ hineingeschnitten wird. An den Wänden schneiden die Kinder Lichtschlitze ein, damit das Innere des Kartons gering beleuchtet wird. Wenn zuviel Helligkeit eindringt, müssen die Schlitze mit Transparentpapier hinterklebt werden. Diese tauchen dann das Kartoninnere in ein farbiges Licht.

Zunächst wird der Karton mit wenigen Gegenständen gefüllt. Nacheinander schauen die Kinder durch das »Schlüsselloch« und berichten, was sie entdeckt haben. Später kann man die Anzahl der Gegenstände erweitern. Eine weitere Variante ist, einen Gegenstand aus dem Karton zu entfernen, nachdem alle Kinder die Möglichkeit hatten, ausgiebig durch das Schlüsselloch zu schauen.

Steht den Kindern dieser Schuhkarton auch im Freispiel zur Verfügung, so finden sie sicherlich noch weitere Spielideen.

Auf spielerische Weise lernen die Kinder so, auf charakteristische Merkmale von Gegenständen zu achten, da sie je nach Lage nur teilweise zu sehen sind.

Lichterbräuche

Im Winter feiern verschiedene Kulturen und Religionen Lichterbräuche. Die Juden feiern kein Weihnachtsfest, aber sie feiern das für sie sehr bedeutende Tempelweihfest, Chanukka. Acht Tage lang wird dazu jeden Abend ein weiteres Lichtlein auf einem achtarmigen Leuchter entzündet.

Die Hindus in Indien feiern Anfang November das Lichterfest Divali. Blumengirlanden und glückbringende Symbole schmücken die gereinigten Häuser. In den Familien werden viele Schälchen getöpfert, in die Öl gefüllt wird. An einem Docht werden diese in der Nacht angezündet und auf die Fensterbänke und Wege, die zum Haus führen aufgestellt. Nach dem Glauben der Hindus wird die indische Göttin ›Lakshimi‹ durch die Lichter zur Erde geleitet. Die Inder hoffen, dass die Göttin durch ihren Segen Glück und Wohlstand in die Familie bringt. Außerdem werden nach Sonnenuntergang Kerzen angezündet, die in kleinen Booten aus Bananenblättern den Fluss hinabschippern. Tagsüber werden Freunde und Verwandte besucht, um Geschenke auszutauschen. Später am Abend findet ein Rummel mit verschiedenen Attraktionen und köstlicher Bewirtung statt. Besonders großen Spaß haben die Kinder an den lustigen Zuckerbonbons und am fantastischen Feuerwerk.

Licht kann man verschenken

*N*och vor nicht all zu langer Zeit lebte in einem kleinen Dorf, inmitten der hohen Berge, ein freundliches Volk. Die Menschen, die dort lebten, hatten ständig ein Lächeln auf den Lippen und um ihre Augen hatten sie kleine Lachfalten, die wie Sonnenstrahlen aussahen. Auf diese Weise wirkten sie sehr nett und offen. Wenn sich einmal ein Fremder in dieses Dorf verirrte, wurde er mit Freuden aufgenommen und fürstlich bewirtet. Niemals war ein lautes Wort oder Streit zu hören. Auch Tränen flossen nie. Es schien, als habe dieses Dorf die Freude und das Glück für sich gepachtet.

Doch diese Fröhlichkeit hatte ihren Grund. Niemals sah man einen der Menschen ohne eine Kerze durch das Dorf ziehen. Überall nahmen sie ihre leuchtenden Flammen mit. Es waren sehr schöne Kerzen, die die Kinder phantasievoll verzierten. Wenn sich auf dem Marktplatz mehrere Menschen trafen, erstrahlte der ganze Platz in hellem Schein. Dieses warme Licht lockte noch mehr Menschen an und im Nu war eine große Schar versammelt. Weil dieses Volk die Gemeinschaft liebte, begannen sie oft zu singen und zu tanzen. So feierten sie mitunter mitten am Tag ein fröhliches Fest, das erst spät am Abend zu Ende ging.

Wenn die Menschen glücklich und müde in ihre Häuser zurückkehrten, trugen sie eine neue Kerze bei sich. Denn die Freunde und Nachbarn beschenkten sich jeden Tag mit einem kleinen Licht. Trafen sie beim Einkaufen oder Spazierengehen einen Bekannten oder Verwandten, erfreuten sie sich gegenseitig mit den schön verzierten Kerzen der Kinder. Auf diese Weise erstrahlten selbst die Häuser in dem kleinen Dorf in hellem Glanz. Niemals ging eine Flamme aus, weil täglich ein neues Lichtlein hinzukam. Kranke und alte Menschen, die ihre Stuben nicht mehr verlassen konnten, erhielten viel Besuch. Die Gäste brachten immer besonders schöne Kerzen mit, um damit die Schmerzen und Traurigkeit dieser Menschen zu vertreiben.

Doch hoch oben auf dem Gipfel des weißen Berges wohnte ein kleiner alter Mann. Seit vielen Jahren lebte er dort ganz alleine. Er wollte keinen Menschen bei sich haben, damit er seine Hütte, sein Bett und sein Brot mit niemanden teilen muss. Er wollte ganz alleine sein. Jeden

Abends saß er auf dem Bänkchen vor seiner Hütte und schaute hinunter ins Tal. In der Dämmerung sah er die vielen hübschen Lichtlein leuchten. Dabei dachte er: Was für eine Verschwendung! Dann und wann machte sich der alte Mann auf den Weg ins Dorf, um Vorräte einzukaufen. Dann schlich er schnell und grimmig um die Ecken der Häuser, damit ihn keiner sehen und mit einer Kerze beschenken konnte. Eines Tages aber entdeckte ihn ein kleines Mädchen, das im Garten hinter dem Haus spielte. Es freute sich über den alten kleinen Mann so sehr, dass es ihm eine ihrer schönsten Kerzen schenkte. »Diese Kerze habe ich extra für dich gemacht. Weil ich dich so selten sehe, trage ich sie schon sehr lange in meiner Tasche. Endlich kann ich sie dir geben«, sagte das kleine Mädchen zu dem Mann. »Pah!«, erwiderte der Alte. »Behalte deinen Stummel. Ich mag ihn nicht. Du musst sowieso beim Schenken vorsichtig sein. Wenn du all deine Leuchten hergibst, hast du bald keine mehr. Dann wird es ganz dunkel und kalt in deinem Haus. Ich rate dir, keine Kerzen mehr zu verschenken.«

Nach diesen Worten verschwand der kleine Mann wieder in den Bergen. Doch wie ein Lauffeuer verbreitete sich sein Ratschlag im Dorf. Und man glaubt es kaum, aber die Menschen begannen, sparsamer mit ihren Kerzen umzugehen. Anfangs beschenkten sie noch ihre engsten Freunde, doch auch diese Gaben nahmen von Woche zu Woche ab. Der kleine alte Mann konnte von seiner Bank aus alles jeden Abend beobachten. Von Tag zu Tag verlor das Dorf mehr an Glanz. Immer weniger Flammen erleuchteten die Häuser. Auch die Menschen veränderten sich. Das Strahlen ihrer Gesichter wechselte in böse Grimassen. Auf den Straßen und Plätzen versammelten sich keine Gruppen mehr, um Geschichten zu erzählen. Auch die Lieder verstummten und an das letzte Fest konnte sich schon keiner mehr erinnern. Jeder hatte es eilig wieder nach Hause zu kommen, um seine letzte Flamme zu hüten. So saßen alle einsam und traurig in ihren dunklen Stuben und gaben auf ihre kleine schwache Kerze acht. Doch es passierte was passieren musste. Auch diese Flammen erloschen und letztendlich brannte nur noch eine einzige Leuchte im ganzen Dorf. Aber auch diese flackerte schon und ging eines Nachts still und heimlich aus. Plötzlich wurde es stockfinster und eiskalt.

All diese Ereignisse beobachtete der kleine alte Mann. Auf einmal überkam ihn eine große Traurigkeit. Kein einziges Lichtlein entdeckte er

mehr unten im Dorf. Das wollte er auch wieder nicht, denn insgeheim hatte er sich über den hellen Schein und die freudigen Lieder der Menschen im Tal gefreut. Da erinnerte er sich an das dicke Buch, das er vor vielen Jahren in seiner schweren Truhe verstaut hatte. Nachdem er den Einband vom Staub befreit hatte, begann er aufmerksam zu lesen. Er las viele Geschichten, die von einem Mann erzählten, der Licht und Wärme in eine kalte dunkle Welt brachte. Als der Alte das Buch ausgelesen hatte, lief er schnell in den Wald und sammelte trockenes Holz. Noch an diesem Abend wollte er ein großes Feuer anzünden, um dem Volk im Tal ein Zeichen zu senden. Nach Einbruch der Dämmerung war es soweit: er steckte mit einem Streichholz den Holzstoß an. Riesige Flammen schlugen zum Himmel hinauf und verbreiteten einen lodernd-hellen Schein. Viele kleine Funken sprangen aus der Glut, weil der alte Mann ständig Zweige und Äste nachlegte.

Unten im Dorf konnte man das helle Feuer sehen. Neugierig kamen alle Menschen aus ihren Häusern und schauten erstaunt zum Gipfel des hohen Berges. Sie konnten ihren Augen nicht trauen, dass gerade von der Hütte des alten grimmigen Mannes ein solcher Glanz ausging. Eilig rannten sie in ihre Häuser und suchten alle Fackeln, Laternen und Kerzen zusammen, die sie finden konnten. Gemeinsam machten sie sich auf den weiten Weg zum Gipfel. Schon während des Aufstieges begannen die Menschen wieder miteinander zu reden. Als sie endlich oben angelangt waren, entzündeten sie alle mitgebrachten Leuchten an dem goldenen Feuer. Dadurch entstand ein riesiges Lichtermeer, das eine wunderbare Wärme verbreitete. Aus lauter Glück fingen alle an zu singen und zu tanzen. So vergingen viele Stunden und mit großer Freude und Begeisterung erzählten sie sich von den schönen Festen, die sie einst feierten. Erst als das Feuer niedergebrannt war, machten sie sich wieder auf den Heimweg. Müde, aber überglücklich über das wiedergefundene Licht kamen sie in den frühen Morgenstunden im Tal an. Sofort schenkten sie ihre Kerzen an die Kranken und Alten, die den weiten Weg nicht mitgehen konnten, weiter. Und auf einmal kehrten auch die Sonnenstrahlen in ihre Gesichter zurück. In den folgenden Tagen hörte man wieder das fröhliche Lachen und Geschwätz in den Straßen und auf den Plätzen. Keiner saß mehr alleine zu Hause. Jeder war unterwegs, um seinen alten Freunden und Bekannten eine Freude zu bereiten. Sehr viele Kerzen wurden in den ersten Tagen weitergegeben. Es ist kaum zu glauben, aber die Lichter gingen niemals aus. Denn mit jedem verschenkten Licht ging ein neues auf und dadurch erstrahlte das Dorf alsbald in seinem alten Glanz. Was jedoch mit dem kleinen alten Mann auf dem Gipfel des weißen Berges geschehen ist, weiß heute keiner mehr. Oder weißt du es vielleicht?

Diese Geschichte können die Kinder in ihrer Phantasie weitererzählen und zu Papier bringen.

Rhythmik

Material
★ Gymnastikreifen
★ Windlichter für jedes Kind
★ Sand
★ Kerzen

Auch eine Rhythmikstunde lässt sich zu der Erzählung ›Licht kann man verschenken‹ gestalten. Anfangs sind die Kinder zwischen den Häusern (Gymnastikreifen) unterwegs und schenken sich gegenseitig Windlichter. Erst als der alte Mann im Dorf auftaucht, ziehen sich alle zurück und verlassen ihre Stuben nicht mehr. Allmählich erlöschen alle Kerzen und es wird dunkel.

Die Erzieherin spielt den alten Mann. In einen Sandhaufen steckt sie mehrere Kerzen und symbolisiert somit das Feuer auf dem Berg. Alle Kinder laufen eilig hin und entzünden ihre Windlichter. Anschließend verschenken sie wieder freudig ihre Lichter und tanzen gemeinsam einen Lichtertanz.

Der Gegensatz zwischen hell / warm und dunkel / kalt kann noch weiter vertieft werden. Vor allem der wechselnde Gesichtsausdruck beim Übergang in die Dunkelheit bzw. Helligkeit kann besondere Betonung finden.

Kerzenständer aus Ton

Material
★ Ton
★ Holzbrettchen
★ Holzkochlöffel
★ Kerze

Anleitung
Die Kinder rollen aus Ton gleichmäßig dicke Wülste, die spiralförmig zu einer Bodenfläche geformt werden. Durch leichtes Klopfen mit einem Kochlöffel erhält die Bodenfläche eine gleichmäßige Stärke. Aus Stabilitätsgründen werden die Wülste mindestens auf einer Seite verstrichen. Aus weiteren Wülsten bauen die Kinder den Kerzenhalter auf. Die Stärke der Kerze bestimmt den Umfang des Mantels (beim Trocknen und Brennen zieht sich der Ton etwas zusammen). Bei der Ausgestaltung des Kerzenständers können die Kinder ihrer Phantasie freien Lauf lassen. Durch Stempeln, Einritzen oder durch das Anbringen von getöpferten Kleinteilen (z.B. Sterne, Tiere ...) erhält der Ständer ein individuelles Bild. Lufteinschlüsse müssen beim Anschlickern von Kleinteilen auf jeden Fall vermieden werden.

Fertigstellung

Nach einer Trockenzeit von ca. zwei Wochen werden die Kerzenständer gebrannt. Wer sie noch farblich ausgestalten will, kann sie entweder mit Kaltkeramikfarben bemalen oder in einem weiteren Brenngang glasieren.

Kerzengießen

Material

★ Wachsreste ohne Docht
★ Gefäß, um das Wachs im Wasserbad schmelzen zu können
★ Schüssel mit Sand
★ Kerzendocht
★ Rundholz und Wäscheklammer

Anleitung

Die Kinder drücken eine Vertiefung in den Sand. Damit die Kerze eine gute Standfläche erhält, muss man darauf achten, dass die Bodenfläche eben ist. In der Mitte der Vertiefung wird ein Docht in den Sand gedrückt, der mit seinem anderen Ende an einem Rundholz mittels einer Wäscheklammer befestigt wird. Nun kann das flüssige Wachs in die Vertiefung hineingegossen werden. Bis zum Erkalten des Wachses kann das Rundholz aufgelegt werden.

Nach dem Trocknen schneidet man den Docht zurecht und lüpft die Kerze vorsichtig aus ihrem Sandbett. Am Rand der Kerze bleibt etwas Sand haften, der optisch reizvoll wirkt.

Tipp: Am Rand der Sandvertiefung können auch kleine Steine oder Muscheln eingebaut werden, die dann am Kerzenrand haften bleiben.

Kerzenmeditation

Material
★ dicke Kerze
★ Baumwolltücher in gelb, orange, rot

Alle Teilnehmer sitzen oder liegen in einem dunklen Raum und fühlen die Dunkelheit.

Nach einer Pause denken die Kinder über folgende Eindrücke nach:
★ Wann ist es um mich herum ganz dunkel?
★ Was würde ich jetzt gerne sehen?
★ Vor was habe ich im Dunkeln Angst?
★ Wie kann ich gehen, wenn ich nichts sehe?
★ Kann ich im Dunkeln besser hören?

Die Erzieherin kann folgenden meditativen Text sprechen, der je nach Situation auch spontan erweitert oder gekürzt werden kann:

»Eine Kerze wird angezündet. Wir schauen alle ruhig in das Feuer und beobachten die Farben und die Bewegungen der Flamme. Wir versuchen ganz ruhig zu sein, nur flach zu atmen. Die Flamme beruhigt sich dadurch ebenfalls. Ein leichter Rauchfaden steigt aus der Flamme empor.

Wir betrachten das Wachs der Kerze. Es wird lange Zeit dauern, bis die Kerze ganz abgebrannt ist. Die Flamme verbrennt nur wenig davon und der Docht wird nur langsam kürzer und kürzer.« (*Nacheinander berühren die Kinder das Wachs der Kerze und geben ihre Empfindungen weiter.*)

»Doch diese eine Kerze verbreitet Helligkeit im Raum. Unsere Gesichter werden angestrahlt. Wir können die Dinge im Raum wieder erkennen. Die Dunkelheit schien so groß und mächtig, doch das kleine Licht ist viel

stärker. Wie weit reicht der Schein? Was können wir trotzdem nicht sehen?« *(Nun werden die Kinder aufgefordert, Tücher um die Kerze auszubreiten. Jedes Kind darf seinen »Strahl« aus dem Tuch falten und von der Kerze zu seinem Platz legen.)* »Nochmals konzentrieren wir uns auf die Flamme und lassen langsam unsere Augen zufallen. Doch hinter unseren geschlossenen Augen ist es nicht ganz dunkel. Immer noch sehen wir den Schein der Kerze. In der Flamme sehen wir das helle Gelb, das leuchtende Orange und das warme Rot. Ganz in der Mitte entdecken wir einen blauen Schein. Wir spüren sogar die Wärme im Gesicht. Auch die Hände werden warm. Langsam wird der ganze Körper von dem Licht der Kerze erfüllt. Nun sind auch wir ein Teil dieses Lichtes und strahlen hell. Diesen Augenblick wollen wir einen Moment in Ruhe genießen«. *(Flötenmusik kann diese Meditation begleiten.)*
»Jetzt bist du so hell und warm wie ein Strahl aus der Flamme. Du wanderst immer weiter weg von der Kerze und erleuchtest den Raum. In jede Ecke und unter jeden Tisch kriechst du und entdeckst dort schöne Sachen: einen Baustein, das rote Auto, die Heizung, eine bunte Murmel.« *(Dinge des Raumes, indem das Angebot stattfindet).* »Allmählich kommst du nun an deinen Platz zurück und wirst wieder ruhig«. *(Je nach Wunsch können die Kinder die Augen wieder öffnen.)*

»Guter Gott, Vater im Himmel,
manchmal ist es um mich herum ganz dunkel.
Dann fühle ich mich allein und habe Angst.
Jesus sagt von sich: ›Ich bin das Licht der Welt!‹
Hilf jedem von uns, ein kleines Lichtlein zu sein,
denn so können auch wir die Einsamkeit und Angst
aus unserer Welt vertreiben.
Amen.«

Träumezeit

Legezelt

Mit Hilfe eines Moskitonetzes kann man Kindern innerhalb des Gruppenraumes einen Ort schaffen, an dem sie sich von anderen abschirmen können. Anstelle des Moskitonetzes kann man auch einen Son-

nenschirm aufspannen, der dann mit bodenlangen Tüchern behangen wird. In diesem Zelt stehen den Kindern Legematerialien zur Verfügung, mit denen sie ihre Eindrücke aus dem Alltag, der Natur oder aus der Gruppenarbeit in Form von Legearbeiten zum Ausdruck bringen können.

Legematerialien sind kleine Gegenstände, die vielfach vorhanden sind und in Farbe und Form zum Gestalten anregen. Dies können Früchte der Natur wie Samen, Körner, Steine, Schneckenhäuser, Stöckchen, Eicheln oder Muscheln sein oder auch industriell hergestellte Gegenstände (Muggelsteine, Glassteine, Legetäfelchen und -stäbchen in verschiedenen Formen ...). In Körben und Kästen werden sie den Kindern sortiert angeboten.

Am besten arbeiten die Kinder auf dem Boden. Daher sollte der Platz unter dem Zelt mit einem Teppich ausgelegt sein. Als Unterlage der Legearbeiten dienen Baumwolltücher oder Filzplatten in verschiedenen Farben, die die Kinder frei wählen können. Meditative Musik kann zu einer sehr entspannten Atmosphäre im Zelt führen.

Haben die Kinder noch wenig Übung im Umgang mit Legematerialien, so empfiehlt sich die Unterstützung durch die Erzieherin, indem sie beginnt einen Kreis zu legen. Daraufhin lädt sie die Kinder ein, den Kreis farbig auszugestalten oder weiterzuschmücken. Nach und nach zieht sie sich zurück und überlässt den Kindern das Legen. Aus dem Kreis kann sich eine Weihnachtskugel, eine Sonne oder sogar ein Stern entwickeln. Ohne Anleitung werden die Kinder meist symmetrisch weiterarbeiten und hübsche Muster und

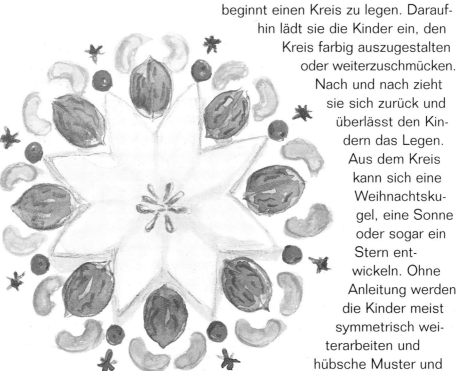

Formen einbauen. Auf diese Weise kann das Legezelt im Kindergarten zu einem Ort der Stille werden, an dem die Kinder zur Ruhe und zu sich selbst finden können.

Mandalas

Eine Form der Meditation kann auch das Malen oder Gestalten von Mandalas sein. Ein Mandala ist ein Meditationsbild in Kreisform, das einen ausgestalteten Mittelpunkt besitzt. Alle geometrische Formen, die wir im Mandala kennen, gehen strahlenförmig oder in Kreisen von dieser Mitte aus. Alle Kulturen und Religionen kennen Mandalastrukturen und setzten diese u.a. zur Meditation, zur Heilung oder in der Kunst ein.
Nicht nur Kindern mit Verhaltensauffälligkeiten hilft das Mandala-Malen, sondern jedem Kind bereitet es Freude und verschafft ihm darüber hinaus Ruhe und Gelassenheit. Vielleicht gelingt es dem einen oder anderen Kind sich beim Malen dem Trubel der Weihnachtsvorbereitungen zu entziehen.

Kinder malen ihr eigenes Mandala

Mit großer Hingabe und Sorgfalt bemalen Kinder ihre Malblätter mit Mustern und Ornamenten, die sie mit kräftigen Farben ausmalen. Bietet man ihnen anstelle der eckigen runde Malblätter an, finden sie mit Sicherheit durch Experimentieren zu Formen, die sich in die Kreise integrieren lassen. Diese Formen bilden eigene Mandalamuster, die anschließend farbig ausgemalt werden können. Wichtig ist, dass alle Bilder eine Mitte haben. Dazu kann die Erzieherin ggf. Hilfestellung geben.

Fenster-Mandala

Ein Kinder-Mandala wird mit einem Wachsmalstift auf die Fensterscheibe übertragen. Die entstandenen Flächen können nun mit Fingerfarben oder mit Transparentpapierschnipseln farbig ausgefüllt werden.
Dieses Mandala erinnert an ein rundes Glasfenster einer Kirche, das durch seine Größe beeindruckt. Einige Kinder werden das Mandala am Fenster während des Spiels oder der Brotzeit betrachten und dadurch zur Ruhe kommen.

Seiden-Fensterbild

Im Fachhandel findet man in der Seidenmalabteilung Rahmen (Durchmesser 25 cm), die mit Seide bespannt sind. Mit Seidenmalstiften lassen sich diese Fensterbilder mit und ohne Konturenfarben bestens bemalen. Das Kinder-Mandala lässt sich leicht mit einem Bleistift auf die Seide übertragen. Anschließend können die Formen dann ausgemalt werden.

Nicht nur Seidenbilder, auch Styroporkugeln, Papp- oder Spanschachteln können die Kinder mit ihren eigenen Mandalas verzieren.

Traumreisen

Kinder können das ›Reisen‹ in ihrer Phantasie sehr intensiv erleben. Wer schon einmal die Gelegenheit hatte, Kindergruppen bei einer angeleiteten Phantasiereise zu beobachten, konnte sehen, dass sich bei einigen Kindern die Erlebnisse in Mimik und Gestik widerspiegeln. Kindergruppen ohne Erfahrungen mit Phantasiereisen brauchen eine gewisse Zeit bis sie sich ganz auf die ausgewählte Geschichte einlassen können. Zu Anfang bieten sich kurze Geschichten an, die sich spontan an die jeweilige Situation anpassen lassen.

Unterstützend wirkt sich die Atmosphäre des Raumes auf die Gruppensituation aus. Um sich auf eine Traumreise begeben zu können, muss man warm und bequem liegen. Die Umgebung darf nur wenig Anreiz bieten, damit die Kinder nicht abgelenkt werden. Für jedes Kind sollte genügend Platz zur Verfügung stehen, damit es sich nicht von anderen ablenken lässt. Daher bietet sich ein leerer Raum an, der mit Teppichen, Decken, Matten und Kissen gemütlich gestaltet wird. Laternen oder Kerzen können den abgedunkelten Raum in ein warmes Licht tauchen. Vielleicht können die Kinder den Raum sogar durch einen Zaubertunnel (Kriechtunnel) betreten, der sie in das Traumland entführt. Als Ausrüstung benötigt jedes Kind ein Kuschelkissen, das von zu Hause mitgebracht wird.

Die Phantasiereise »Ich hol mir einen Glitzerstein von einem anderen Stern« (S. 82) lädt alle Kinder zum Träumen ein.

Ich hol mir einen Glitzerstein
von einem anderen Stern

*B*evor wir zu unserer Traumreise aufbrechen können, musst du dich
*ganz bequem hinlegen – die Augen fallen zu – dein Kopf liegt
weich auf deinem Kissen – mit der Nase atmest du den Duft deines Kis-
sens ein – es riecht wie zu Hause – du atmest wieder aus – und ein – dabei wird auch deine Zunge ganz schwer – sie legt sich im Mund schlafen - auch die Arme und Beine liegen schwer auf dem Boden - du willst
sie gar nicht mehr bewegen. Jetzt denkst du einmal ganz fest an deine
Nasenspitze – und plötzlich kitzelt dich dort was. Es kommt noch einmal und noch einmal, immer heftiger. Das ist der Mond. Er hat sich zu
dir geschlichen, um dich abzuholen. Heute will er dich zu einer Reise
mitnehmen. Seinen Himmel möchte er dir zeigen. Ganz behutsam
nimmt dich der Mond auf und bettet dich an seinen Bauch. Er ist sehr
weich und warm und riecht sogar ein wenig nach zu Hause. Du atmest
den Duft gerne ein – und aus ... Langsam schwebt der Mond mit dir in
die Luft. Höher und höher steigt er. So hoch, dass du die Erde nicht
mehr sehen kannst. Aber du liegst sicher und bequem, nichts kann dir
passieren.*

*Auf einmal entdeckst du einen Stern, der ziemlich nah an euch vorbei-
zieht. Du siehst plötzlich viele Sterne, große und winzig kleine. Sterne
mit vielen Zacken und auch welche mit nur vier Zacken. Ein Stern hat
sogar ein Gesicht. Hat er dir nicht sogar mit einem Auge zugezwinkert?
Dieser Stern hat eine rote Zipfelmütze auf einen Zacken gestülpt. Vielleicht hat er Schnupfen oder gar Ohrenschmerzen. Da hinten entdeckst
du einen ganz kleinen Stern, der sich an einen großen Stern ankuschelt.
Der Große hat einen Zacken um ihn gelegt. So schläft er tief und fest
und lutscht dabei an einem winzigen Zacken. Deine Augen können sich
nicht sattsehen an all den wunderschönen Sternen, die du sonst nur von
der Erde aus bewunderst. So nah warst du ihnen noch nie. Von unten
sehen sie alle gleich aus, aber hier oben sieht kein Stern wie der andere
aus. Außer zwei, das sind Zwillinge.*

*Genau dorthin wo du willst, führt dich der Mond. Kann er deine Ge-
danken lesen? Weiß er, was du sehen möchtst? Oder lenkst du selbst
den Mond?*

Von weit hinten erstrahlt plötzlich ein heller Glanz. Beim Näherkommen siehst du einen Stern, der mit seinem Glanz die anderen Sterne bei weitem übertrifft. Ein warmer Schein geht von ihm aus und seine Zacken schimmern kostbar und in den schönsten Farben. Auch deine Ohren können den Stern wahrnehmen. Leise und sanft läutet er wie hundert silberne Glöckchen. Doch er bleibt nicht immer gleich. Ständig verwandelt er sich und ändert seine Größe und seine Farben. Aus seiner Mitte leuchtet ein Punkt ganz besonders hell. Dieser Punkt bleibt immer gleich. Lange schaust du diesen zauberhaften Stern an und nimmst seine Farben in dich auf. Als du deinen Arm ausstreckst, schwebt ein Stein aus der Mitte des Sterns in deine Hand. Dort glitzert und funkelt der Stein weiter und strömt dabei eine wohlige Wärme aus, die deinen ganzen Körper erfüllt.

Noch bist du ganz in den Anblick des Steins vertieft, doch der Mond macht sich leise, aber geschwind auf die Heimreise. Erst als du entdeckst, dass der Stein nach und nach an Glanz und Farbe verliert, siehst du die Erde auf dich zukommen. Beim Zurückblicken kannst du gerade noch die rote Zipfelmütze des kleinen Sterns sehen, bevor sie im tiefen Blau des Himmels verschwindet. Schon kannst du die Berge, die Wälder und den See wiedererkennen. Als du den Kirchturm erblickst, sind alle Farben deines Steines völlig verschwunden. Aber das macht dir nichts aus, denn du hast ja den Schimmer und die Farbenpracht lange gesehen und hast daher deinen Glitzerstein in deinem Kopf.

Ganz sanft und behutsam legt dich der Mond zurück auf den Boden, streichelt dir nochmal kurz über deine Nasenspitze und schleicht sich leise aus dem Zimmer.

Noch kannst du deine Augen nicht öffnen, da dein Kopf voll von Sternenbildern ist. Zuerst kannst du deine Beine wieder bewegen, anschließend deine Arme – deinen Bauch. Du rekelst und streckst dich. Langsam öffnest du deine Augen und gähnst.

Noch einmal nimmst du dein Kissen und schnupperst mit der Nase hinein. Riecht der Stoff nach zu Hause oder sogar ein bisschen nach dem Mond? Was liegt denn da neben dir? Du hast deinen Glitzerstein von der Himmelsreise mitgebracht, und in deinen Augen kann er weiterhin schimmern und leuchten.

Nach Belieben können die Kinder mit Glitterfarben ihren Kieselstein bemalen oder mit glänzenden Folienschnipseln bekleben. Eine Gemeinschaftsarbeit entsteht, indem jedes Kind einen Stern von der Himmelsreise aus seinem Gedächnis auf etwas festeres Papier malt. Die ausgeschnittenen Sterne werden in der Mitte mit einem kleinen Loch versehen und über die Kerzen einer Mini-Lichterkette gesteckt. Diese leuchtenden Sterne schmücken den Gruppenraum und erinnern die Kinder an ihre Reise mit dem Mond.

Weihnachtsplätzchenmarkt

In vielen Kindergärten wird in der Adventszeit auch gebacken. Den Kindern bereitet es große Freude, aus leckerem Teig Gebäck zu kneten, zu formen oder auszustechen. In kleine Tütchen verpackt können sie dann im Kinderkaufladen im Eingangsbereich der Einrichtung von den Kindern zum Kauf angeboten werden. Der Erlös aus dem Verkauf kann für einen guten Zweck gespendet werden.

Mailänder Herzen

Zutaten
- ★ 125 g Butter
- ★ 125 g Zucker
- ★ 250 g Mehl
- ★ 3 Eigelb
- ★ Saft einer halben Zitrone
- ★ 2 Eigelb zum Bestreichen

Hilfsmittel
- ★ Handrührgerät oder Küchenmaschine
- ★ Teigrolle
- ★ Ausstecher in Herzform
- ★ Backpapier

Zubereitung
Butter und Zucker werden mit den drei Eigelb schaumig gerührt. Langsam werden die restlichen Zutaten zugegeben und zu einem glatten

Teig verarbeitet. Nach einer Ruhezeit von ca. einer Stunde rollt man ihn portionsweise aus (5 mm dick). Mit den Herzformen können die Kinder nun die Plätzchen ausstechen.

Backzeit: ca. 20 Minuten; **Temperatur:** 180 °C

Australische Chokky Rocks

Zutaten

* ★ 250 g Butter
* ★ 180 g Zucker
* ★ 2 Eier
* ★ etwas Vanillinzucker
* ★ 350 g Mehl
* ★ 1 Päckchen Backpulver
* ★ 5–6 Milchbecher Cornflakes
* ★ 100 g geschnittene Schokolade
* ★ 125 g Rosinen

Hilfsmittel
* ★ Handrührgerät oder Küchenmaschine
* ★ Backpapier

Zubereitung
Die Butter, den Zucker, die Eier und das Mehl mit dem Backpulver zu einem Rührteig verarbeiten. Anschließend werden die Cornflakes mit der Schokolade und den Rosinen vorsichtig unter den Teig gemengt. Die Kinder formen aus dem Teig walnussgroße Kugeln und setzen sie mit Abstand auf das mit Backpapier ausgelegte Backblech.

Backzeit: ca. 15–20 Minuten; **Temperatur:** 180 °C

Spanische Aprikosen

Zutaten
* ★ 25 getrocknete Aprikosen
* ★ 25 große süße Mandeln
* ★ 125 g Blockschokolade
* ★ etwas Palmin

Hilfsmittel
★ Gefäß, um die Schokolade mit dem Palmin
   im Wasserbad zu schmelzen
★ Backpapier

Zubereitung
Je eine geschälte Mandel auf eine Aprikose legen, beides festhalten und zusammen bis zur Hälfte in die flüssige Schokolade tauchen. Zum Trocknen werden sie auf das Backpapier gelegt.

Schwedische Julkuchen

Zutaten
★ 250 g Butter
★ 120 g Zucker
★ 1 Ei
★ 400 g Mehl
★ 1 Teel. Backpulver
★ 1 Teel. Salz
★ 1 Eiweiß
★ Tasse grober Zucker
★ Tasse gemahlener Zimt

Hilfsmittel
★ Handrührgerät oder Küchenmaschine
★ Teigrolle
★ runde Ausstecher mit einem Durchmesser von 6 cm
   (es können auch andere Ausstecher verwendet werden)
★ Pinsel
★ Backpapier

Zubereitung
Die Butter, den Zucker und das Ei schaumig rühren. Anschließend nach und nach das mit Salz und Backpulver vermengte Mehl unterrühren und alles zu einem glatten Teig verarbeiten. Nach einer Kühlzeit von ca. 2 Stunden wird der Teig portionsweise ausgerollt (3 mm dick). Die Kinder stechen nun die Plätzchen aus und legen sie mit Abstand auf ein mit Backpapier ausgelegtes Backblech. Mit dem verquirlten Eiweiß werden die Plätzchen bestrichen und mit reichlich Zimtzucker bestreut.

Tipp: Vor dem Backen empfiehlt es sich, den Zimtzucker auf dem Backpapier mit einem Pinsel zu entfernen.

Backzeit: ca. 8–10 Minuten; **Temperatur:** 200 °C

Holländische Pitmoppen

Zutaten

- ★ 150 g Butter
- ★ 150 g Zucker
- ★ 1 Ei
- ★ abgeriebene Schale von einer halben Zitrone
- ★ 1 Prise Salz
- ★ 1 Messerspitze Backpulver
- ★ 250 g Mehl
- ★ 1 Eigelb zum Bestreichen
- ★ 100 g geschälte und halbierte Mandeln

Hilfsmittel

- ★ Handrührgerät oder Küchenmaschine
- ★ Reibe
- ★ Messer
- ★ Pinsel
- ★ Backpapier

Zubereitung

Die Butter mit dem Zucker, dem Ei und der Zitronenschale schaumig rühren. Anschließend das mit Salz und Backpulver vermengte Mehl unterrühren und zu einem glatten Teig verarbeiten. Aus dem Teig werden nun quadratische Stangen geknetet (Seitenlänge ca. 3 cm), die ca. 2 Stunden gekühlt werden. Danach schneiden die Kinder 5 mm dicke Scheiben ab und legen diese mit Abstand auf das mit Backpapier ausgelegte Backblech. Mit dem Eigelb, das mit ein paar Tropfen Wasser angerührt wird, bestreichen die Kinder die Plätzchen. Jedes Quadrat wird mit vier Mandeln belegt.

Backzeit: ca. 10–15 Minuten; **Temperatur:** 200 °C

Plätzchenteller aus Pappmaché

Material

★ Zeitungspapier in Schnipsel reißen
★ Schmuckpapier (z.B. Geschenkpapier, marmoriertes Papier ...)
★ Tapetenkleister
★ Suppenteller
★ Frischhaltefolie
★ Schere

Anleitung

Den Suppenteller bezieht man mit der Frischhaltefolie. Für die erste Schicht des Plätzchentellers tauchen die Kinder die Zeitungsschnipsel in Wasser und bedecken den Teller damit. Die Schnipsel müssen sich überlappen. Für die zweite und dritte Lage wird der Teller nun mit Kleister bestrichen und mit den trockenen Papierschnipsel beklebt. Die letzte Schicht bleibt sichtbar und wird nicht mehr mit Kleister bestrichen. Hier wird nun weißes oder Schmuckpapier verwendet, das ebenfalls in Schnipsel gerissen wurde.

Fertigstellung

Die Pappmachételler müssen einige Zeit mit dem ›eingepackten‹ Suppenteller trocknen, damit sie die richtige Form annehmen. Sind sie gut durchgetrocknet, löst man sie vorsichtig von der Folie. Jetzt kann man die Pappmachételler noch weiter gestalten. Die Kinder können sie mit Mustern bemalen und in den Rand Zacken oder Wellen hineinschneiden.

Barbara und Nikolaus feiern Namenstag

Barbaratag

Am 4. Dezember feiern katholische Christen den Tag der Heiligen Barbara. Alle, die den Vornamen Barbara tragen, können ihren Namenstag feiern. An diesem Tag werden traditionell Zweige aus Obstbäumen oder Zierstäuchern geschnitten, über Nacht in lauwarmes Wasser gelegt und dann in eine mit Wasser gefüllte Vase gestellt. Wechselt man regelmäßig das Wasser, erblühen die Zweige an Weihnachten. Das Verschenken eines blühenden Zweiges zu Weihnachten kann besonders für kranke und alleinstehende Menschen ein Hoffnungsschimmer sein.

Am 4. Dezember

Geh in den Garten
am Barbaratag.
Gehe zum kahlen
Kirschbaum und sag:

Kurz ist der Tag,
grau ist die Zeit.
Der Winter beginnt,
der Frühling ist weit.

Doch in drei Wochen,
da wird es geschehn:
Wir feiern ein Fest,
wie der Frühling so schön.

Baum, einen Zweig
gib du mir von dir.
Ist er auch kahl,
ich nehm ihn mit mir.

Und er wird blühen
in leuchtender Pracht
mitten im Winter
in der heiligen Nacht.   *Josef Guggenmos*

Die Barbara-Legende

Als Tochter eines griechischen Kaufmanns wurde Barbara Ende des 3. Jh. geboren. Als sich ihr Vater eines Tages auf eine weite Reise begeben musste, schloss er seine Tochter gemeinsam mit einer Dienerin in einen Turm, da er befürchtete, dass sich seine Tochter unter ihrem Stand verheiraten würde. Diese Dienerin bekehrte Barbara zum Christentum und sie ließ sich taufen. Nach seiner Rückkehr gelang es dem Vater nicht, seine Tochter vom christlichen Glauben abzubringen. Da drohte er ihr mit dem Tod und warf sie in den Kerker. Auf dem Weg dorthin stieß Barbara an einen Kirschzweig, den sie mitnahm und in ihrer Zelle ins Wasser stellte. Am Tag ihrer Enthauptung erblühten die Knospen an dem Kirschzweig.

Knospen springen auf – Barbaralied

Text: Rolf Krenzer
Musik: Detlev Jöcker

1. Knos-pen sprin-gen auf, Blü-ten an den Zwei-gen
2. blü-hen in der Win-ter-nacht.
3. Neu-es Le-ben ist er-wacht. Gott will durch sein Kind sei-ne Lie-be zei-gen.

© Menschenkinder Verlag, 48157 Münster

St. Nikolaus kommt zu Besuch

Der heilige Bischof Nikolaus, dessen Todestag wir am 6. Dezember gedenken, gehört zu den bekanntesten Vorboten des Weihnachtsfestes. Im deutschsprachigen Raum als Nikolaus gefeiert, bringt in Nordamerika der ›Santa Claus‹ und in den Niederlanden ›Sinterclaas‹ Überraschungen ins Haus. In Holland wird der heilige Nikolaus auch als Schutzpatron der Seeleute verehrt. Eine Legende berichtet, dass er ein Schiff in Seenot vor dem Kentern rettete. ›Petit Papa Noel‹ oder ›Hagios Nikolaos‹ wird er in Frankreich und Griechenland genannt. Am letzten Samstag im November läuft sein Schiff in verschiedene holländische Hafenstädte ein. Mit seinem Schimmel reitet er an Land. Dabei läuten alle Kirchenglocken und die versammelten Kinder singen mit ihren Eltern.

Auf der ganzen Welt werden die unterschiedlichsten Legenden und Geschichten über Nikolaus erzählt. Er wird stets dargestellt als Helfer in Notlagen aller Art und als Freund der Kinder. So wird er zum Vorbild der christlichen Nächstenliebe. Die Kinder freuen sich auf den Nikolaustag, an dem sie Besuch von einem als Bischof verkleideten Mann erwarten und kleine Geschenke bekommen.

Die Nikolaus-Legende

Nikolaus wurde als Sohn wohlhabender und gütiger Eltern in Patras (Türkei) geboren. Er genoss eine gute Schulbildung und wurde gottesfürchtig erzogen. Schon sehr jung hat er ein vorbildliches Leben geführt. Nach dem Tode seiner Eltern, die er in jungen Jahren verlor, verteilte er das geerbte Vermögen unter den Armen und Hilfsbedürftigen. In dieser Zeit wurde er zum Priester geweiht. Nach dem Amt als Abt im Kloster seines Onkels ging er nach dessen Tod auf Wallfahrt ins Heilige Land.
Nach seiner Rückkehr wurde er Bischof von Myra, da er als erster Priester am Morgen die Kirche betrat. In der Zeit der Christenverfolgung war es sehr mutig, ein solches Amt zu übernehmen. Er hoffte, dass seine Worte und sein asketischer Lebensstil die Herzen der Menschen erwärmen würden. Aber auch er wurde wegen seines Glaubens in Gefangenschaft genommen. Nachdem Kaiser Konstantin das Chris-

tentum als Religion im Staate einführte, kam Nikolaus wieder frei und konnte als Bischof nach Myra zurückkehren. Mitte des 4. Jahrhunderts starb er in hohem Alter. Seine Gebeine befinden sich heute in Bari (Italien), wo sie sehr verehrt werden.

Nikolaus kommt zu Besuch

Für die Kinder ist es wichtig, die historische Gestalt des Heiligen Nikolaus kennen zu lernen, nicht einen angstmachenden ›Weihnachtsmann‹ mit Rauschebart. Ein als Bischof verkleideter Mann sollte die Kinder am 6. Dezember besuchen und an den wahren Nikolaus erinnern. Um seine guten Taten nicht zu vergessen, werden Geschichten erzählt und Lieder gesungen. Keinenfalls hat der Nikolaus die Aufgabe, Eltern bei Erziehungsproblemen zu helfen. Die Kinder sollen ihn nicht als bestrafenden oder tadelnden Mann kennenlernen, da ihm dieser Charakterzug nicht entspricht. Tritt der Nikolaus mit Messgewand, Mitra und Bischofsstab auf, so begegnen ihm die Kinder mit Ehrfurcht und nehmen dankbar seine Gaben an.

Der Bischofsstab (Meditation)

Material
★ gelbe Baumwolltücher
★ gelbe Kordeln
★ Bischofsstab
★ (evtl. Nikolausgewand und Mitra)
★ farbige Baumwolltücher
★ Legematerial (u.a. Glassteine zum Verzieren der Spirale des Bischofsstabes)

Alle Teilnehmer sitzen in einem Oval auf dem Boden. In der Mitte werden mehrere gelbe Tücher zu einem langen Teppich aneinandergelegt (die Länge entspricht dem Bischofsstab), der mit den Kordeln eingefasst wird. Nach kurzer Betrachtungszeit tragen die Kinder ihre Assoziationen zusammen. Was könnte das sein? An was erinnert das lange Band? Was hat der Teppich für eine Bedeutung?
Die Erzieherin erklärt: »Kostbare Gegenstände werden häufig auf Tüchern oder Kissen aufbewahrt, damit sie nicht schmutzig werden oder verloren gehen und ihre Kostbarkeit besonders deutlich wird.«

Die Kinder stellen einen Bezug zu ihrem Erfahrungsbereich her.
Nun werden die Kinder aufgefordert, ihre Augen zu schließen, um sich einen kostbaren Gegenstand ihrer Wahl auf dem langen Teppich vorzustellen. Die Erzieherin legt einen Bischofsstab in die Mitte. Ein Glockenspiel gibt den Kindern das Signal, ihre Augen zu öffnen. Nachdem die Kinder den Stab betrachtet haben, können sie jetzt mit den Händen sorgsam die Form abtasten.

Die Kinder können nun die besondere Form des Stabes beschreiben. Die Erzieherin kann ergänzen: »Der Stab ist aus Gold und hat am oberen Ende eine Spirale, die an eine Schnecke erinnert. Es gibt sehr kostbare Bischofsstäbe, die sind zusätzlich mit bunten Edelsteinen verziert.«

Jedes Kind erhält fünf Glassteine. Damit dürfen sie nach Belieben die Spirale der Bischofsstabes schmücken.

Die Erzieherin erklärt: »Vor Weihnachten erhalten viele Kinder Besuch von einem Mann, der ebenfalls Bischof war. Vor vielen Jahren war er Bischof von Myra; einer Stadt, die in der Türkei liegt. Einen Bischof erkennt man nicht nur an seinem Stab, er trägt auch ein schönes Gewand und eine besondere Mütze – die Mitra.«

Bei den Kindern werden nun sicherlich viele Erinnerungen an den letzten Nikolausbesuch wach. Sie sollten die Möglichkeit haben, ihre Erfahrungen im Gespräch auszutauschen.

Zum Abschluss wählt jedes Kind eine Kordel aus und sucht sich im Raum einen Platz, an dem es daraus die Spirale eines Bischofsstabes legen kann. Mit Legematerial kann der Stab noch erweitert oder verziert werden.

Vor dem Nikolausbesuch

Am Abend vor dem Nikolausbesuch stellen die Kinder Teller oder Stiefel vor die Tür. Am nächsten Morgen laufen sie geschwind nach draußen, um nach den Gaben zu schauen.

In den meisten Kindergärten wird dieser Brauch aufrechterhalten. Schon in den Vortagen basteln die Kinder Säckchen, Stiefel oder Teller, die dann mit Süßigkeiten, Obst und Nüssen gefüllt werden. Hier kann man auch einige Traditionen aus Nordamerika und Kanada übernehmen. Dort hängen die Kinder Strümpfe an den offenen Kamin, da in der Nacht ›Santa Claus‹ durch den Schornstein in das Haus einsteigt, um die Strümpfe zu füllen. Für diese Anstrengung haben ihm die amerikanischen und kanadischen Kinder Kekse und Milch bereit gestellt, wovon am nächsten Morgen nur noch Krümel übrig sind. Die holländischen Kinder denken sogar an das Pferd von ›Sinterklaas‹. Zu den Schuhen, in die sie ihren Wunschzettel stecken, stellen sie einen Eimer Wasser, Karotten und etwas Heu. Am Abend des 5. Dezember wird in Holland ein großes Familienfest gefeiert, denn die Kinder müssen nicht auf die Bescherung an Weihnachten warten. Sie erhalten ihre Geschenke von ›Sinterklaas‹, der nachts über die Dächer reitet und gemeinsam mit ›Zwarte Piet‹, dem treuen Gehilfen, die Geschenke verteilt. Am nächsten Morgen finden die Kinder, zusätzlich zu den Geschenken, die Anfangsbuchstaben ihres Namens aus Schokolade. Zu jedem Kind lässt sich ›Sinterklaas‹ ein Gedicht einfallen:

> Margarete ist die kleinste im Haus
> deshalb schenkt ihr der Nikolaus
> ein köstliches M aus Schokolade,
> die Großen gehen leer aus – schade!

An den Fenstern des Kindergartens können schon ab dem ersten Dezember die großen roten Strümpfe der Kinder hängen. Jeden Morgen schauen die Kinder gespannt nach, ob Nikolaus die Strümpfe schon eingesammelt hat. Wird er sie auch wieder bringen? Was hat er hineingetan? In England müssen sich die Kinder übrigens noch länger gedulden, denn ›Santa Claus‹ und sein Rentier ›Rudolph‹ beschenken die Familien erst in der Nacht vom 24. auf den 25. Dezember. Für die Geschenke hängen die Kinder große Kissenbezüge an ihre Betten. Auf der Fensterbank stehen Speisen und Getränke für den Weihnachtsmann und Karotten für das Rentier bereit.

Die drei Goldsäcklein

Ein Mann, dessen Frau vor einiger Zeit gestorben war, hatte drei Töchter. Sie waren alle drei in dem Alter, in dem sie heiraten sollten. Eines Tages kam die älteste Tochter zu ihrem Vater und bat, ihren Liebsten heiraten zu dürfen. Da wurde der Mann sehr traurig und sprach zu ihr: »Du weißt doch, mein Kind, dass wir durch ein trauriges Schicksal arm geworden sind. Leider kann ich deiner Heirat nicht zustimmen. Denn wir haben weder das Geld für ein Brautkleid noch genügend Vorräte, um ein großes Hochzeitsfest für alle Verwandten und Freunde veranstalten zu können. Was würde dein Mann sagen, wenn du

mit leeren Händen in sein Haus ziehen würdest? Nichts könnte ich dir mitgeben, außer den Kleidern, die du am Körper trägst.«

Traurig ging die älteste Tochter zu ihren Schwestern und weinte sich bei ihnen aus. Auch die mittlere Tochter hatte einen Liebsten und ging mit der gleichen Bitte zu ihrem Vater. Unter großem Bedauern gab er auch dieser Tochter die gleiche Antwort. Wenn das Geld nicht für eine Hochzeit reicht, wie sollte er denn zwei Feste ausrichten?

Nachdem die mittlere Schwester bedrückt in die Schlafkammer der drei Mädchen zurückkehrte, beschloss die jüngste Tochter ihrem Vater einen Vorschlag zu machen: »Vater, wenn du mich verkaufen würdest, hättest du genügend Geld, um meinen Schwestern eine Heirat zu ermöglichen. Mit dem Geld könntest du ihnen auch noch Kleider, Möbel und Geschirr kaufen, damit sie ihr neues Heim einrichten können.« Da der Vater seine jüngste Tochter sehr lieb hatte, ging er auf den Vorschlag nicht ein. Er wollte seine Tochter nicht verlieren. Am Abend gingen alle unglücklich zu Bett. Der Vater betete zu Gott: »Guter Herr und Gott, du siehst unsere Not. Hilf uns bitte aus dem Unglück.«

Am nächsten Morgen weckten Sonnenstrahlen die älteste Tochter. Als sie aus dem Bett kroch, entdeckte sie auf dem Fußboden ein Säcklein

und öffnete es rasch. Im Innern entdeckte sie viele Goldmünzen, die in der Sonne glänzten. Sofort lief sie mit ihren Schwestern zum Vater und sie weckten ihn. Voller Glück, aber sehr erstaunt über das große Wunder blickten alle vier auf das gefüllte Säcklein. Der Vater sprach zur ältesten Tochter: »Nun kannst du heiraten. Du hast am längsten warten müssen!«

Am darauffolgenden Morgen wurden die drei Schwestern abermals überrascht. Als die mittlere Tochter am frühen Morgen ihr Bett verließ, stieß sie mit ihrem Fuß ebenfalls an ein Goldsäcklein und trug es schnell zum Vater. Nun konnte er auch der zweiten Hochzeit zustimmen.

Am nächsten Abend aber ging der Vater nicht ins Bett, sondern versteckte sich hinter dem großen Schrank im Flur. Lange saß er da und starrte in die Dunkelheit, doch er wurde aufeinmal sehr müde und nickte ein. Plötzlich wurde er aus dem Schlaf gerissen. Er hörte Schritte auf der Treppe. Dann sah er, wie Nikolaus die Stufen hinunter schlich und leise durch die Tür verschwand. Als der Vater vor das Haus lief und in die dunkle Straße blickte, konnte er schon niemanden mehr erkennen. Erst am nächsten Morgen, als seine jüngste Tochter freudenstrahlend mit einem Goldsäcklein in sein Zimmer trat, erinnerte er sich an Nikolaus heimlichen Besuch in der Nacht. Gott hatte seine Gebete erhört und den großzügigen Nikolaus geschickt. Endlich konnte auch die jüngste Tochter heiraten.

Seit diesem Tag dufteten wieder köstliche Mahlzeiten durch das ganze Haus. Die Hochzeitsvorbereitungen wurden getroffen. Sowohl die Töchter als auch der Vater liefen mit strahlenden Gesichtern umher und freuten sich über die wunderbaren Säcklein, die ihnen überraschend so viel Glück brachten.

Es gibt zahlreiche Legenden über den heiligen Nikolaus, die durch das vielfältige Erzählen häufig abgeändert wurden. Ich habe mich für die Erzählung ›Die drei Goldsäcklein‹ entschieden, weil sie mit ihrem märchenhaften Charakter den Kindern leicht zugänglich ist.
Der Brauch, die Kinder in der Nacht vor dem Nikolaustag heimlich zu beschenken, mag aus dieser Legende entstanden sein.

Am Nikolausabend

Gestern abend,
etwa um acht,
da lag ich im Bett
und hab mir gedacht:
Heut schlafe ich nicht,
zieh mir lieber die Bettdecke
vor das Gesicht
und blinzele vorsichtig
durch einen Schlitz.

Ich war schon ganz hibbelig,
so richtig kribbelig
vom langen Warten.

Da geht auf einmal die Türe auf,
und herein kommt verstohlen,
auf leisen Sohlen
jemand geschlichen,
legt auf den Teller was drauf,
husch, husch,
und ist schon entwichen.

Alles war dunkel im Zimmer,
kein bisschen Schimmer,
kein Lampenschein
drang herein.

Ich guckte mir fast die Augen aus.
War er's nun wirklich,
der Nikolaus?

Verflixt!
Jetzt weiß ich ein ganzes Jahr
wieder nicht,
ob das der Nikolaus war.
Ortfried Pörsel

Mit viel Spannung erzählt kann dieses Gedicht am Morgen des Nikolaustages die Kinder anregen, von ihren eigenen Erlebnissen am Abend oder in der Nacht zu berichten. Sicherlich entsteht unter den Kindern eine Diskussion über die Gestalt des St. Nikolaus. Hat er tatsächlich vor vielen Jahren gelebt? Kommt er in diesem Jahr auch uns besuchen? Was bringt er uns mit?
Auch die Erinnerungen der Kinder an die Nikolausfeier im letzten Jahr können im Gespräch aufgefrischt werden und helfen, den Tag zu gestalten.

Kinder spielen Nikolaus!

Mit Personen, die durch ihre guten Taten oder durch ihren heldenhaften Charakter beeindrucken, identifizieren sich die Kinder. Sehr gerne schlüpfen sie in deren Rollen und spielen die Legenden und Geschichten nach. Auch damit Kinder eventuell vorhandene Ängste abbauen können, ist es wichtig, dass ihnen Requisiten und Material zum Verkleiden zum freien Spiel zur Verfügung stehen. Ein Lied, das im Stuhlkreis eingeführt und gespielt wird, kann auch das Freispiel bereichern und zu neuen Spielideen anregen. Vielleicht versteckt der Kinder-Nikolaus Nüsse in den Schuhen der Kinder aus der Nachbargruppe?

Nikolaus aus Papier

Material
★ rotes Tonpapier
★ weißes Tonpapier
★ Stifte
★ Schere

Anleitung
Die Kinder zeichnen
auf dem roten Tonpapier ein längliches
Dreieck auf und
schneiden dies aus.

Aus dem weißen Tonpapier werden Haare, Gesicht
und Bart in Form einer Wolke ausgeschnitten. Diese Wolke
wird im oberen Drittel mit einem Schlitz versehen, durch diese Öff-

nung zieht man nun das rote Dreieck, das die Bischofsmütze bildet. Die Kinder malen nun mit den Stiften das Gesicht und die Knöpfe des Mantels auf. Die Nikolausmütze kann mit einem Kreuz versehen werden.

Tipp: Anstelle des roten Tonpapiers kann man auch eine rote Serviette verwenden, die zu einem Dreieck gefaltet wird. Damit können die Kinder zur Nikolausfeier den Tisch dekorieren.

Nikolaus aus einer Haushaltspapierrolle

Material
- ★ Haushaltspapierrolle
- ★ Schere, Leim
- ★ roter Bastelfilz
- ★ Filzreste in schwarz und gelb
- ★ Bordenreste
- ★ Watte oder ungesponnene Wolle
- ★ Knöpfe
- ★ Pappscheibe
- ★ Farbstifte

Anleitung

Das obere Drittel der Papierrolle wird die Bischofsmütze. Dazu schneidet man die Rolle oben mit der Schere an den Seiten so ein, dass vorne und hinten je eine Spitze entsteht. Diese Bischofsmütze bekleben die Kinder mit rotem Bastelfilz und mit einem Kreuz aus Filz oder Borde.

Die untere Hälfte gestalten die Kinder aus Filz und Borde als Bischofsmantel. Auch Knöpfe können vorne angeklebt werden. Das Gesicht malen die Kinder mit Farbstiften auf. Falls ihnen das Malen direkt auf der Rolle zu schwer fällt, können sie das Gesicht zuerst auf Papier malen und anschließend ausschneiden und aufkleben. Zum Schluss werden Bart und Haare aus Watte oder ungesponnener Wolle aufgeklebt. Die ganze Figur wird nun noch auf eine runde Pappscheibe geklebt, die Halt gibt und den Boden bildet. Nachdem alles gut getrocknet ist, kann man den Nikolaus mit Nüssen füllen.

Vereinfachung für jüngere Kinder:

Der Nikolaus wird mit Wasser- oder Fingerfarben bemalt.

Geprägter Nikolaus

Material
- ★ Prägefolie aus Kupfer
- ★ stumpfer Gegenstand zum Prägen
  (z.B. Stricknadel, leere Kugelschreibermine)
- ★ evtl. wasserfester Stift

Anleitung
Bevor die Kinder mit der Prägearbeit beginnen, sollte die Gestalt des Bischof Nikolaus besprochen werden. Wie sieht die Kleidung aus? Welche Gegenstände trägt der Nikolaus bei sich? Auf Reststücken der Prägefolie probieren die Kinder das Eindrücken aus.
Nun beginnen die Kinder die Konturen des Nikolaus in die Folie einzudrücken. Da Korrekturen nicht möglich sind, sollten sich die Kinder über die Form und Gestalt ihres Nikolauses bewusst sein. Gegebenenfalls zeichnen sie mit einem wasserfesten Stift die Konturen vor (nach dem Prägen kann das Bild gewendet werden). Anschließend wird der Mantel und die Mitra des Bischofs mit Ornamenten verziert. In Rahmen aus Holz kommen diese Prägearbeiten besonders zur Geltung.

Krabbelsack

Bei diesem Spiel müssen die Kinder erraten, mit welchen Gegenständen der Sack des Nikolaus gefüllt ist. Nur mit der Hand ertasten die Kinder die Gegenstände im Sack. Auf diese Art und Weise wird die taktile Wahrnehmung und das Erinnerungsvermögen der Kinder gefördert.
Für den Krabbelsack benötigt man einen Jutesack, der zunächst mit etwas Stroh gefüllt wird. Anschließend versteckt die Erzieherin oder ein Kind einen Gegenstand in dem Sack. Nicht nur Mandarinen oder Nüsse kann der Nikolaus in seinem Sack umhertragen. Auch Alltagsgegenstände und Spielsachen können erraten werden. Nun wird der Krabbelsack im Kreis weitergereicht. Jedes Kind greift hinein, sucht zwischen dem Stroh nach dem Gegenstand und versucht ihn durch Ertasten zu erraten. Wenn alle Kinder an der Reihe waren, berichten die Kinder über ihre Entdeckung. Selbstverständlich kann dieses Spiel noch weiter entwickelt werden, so kann z.B. die Anzahl der Gegen-

stände vergrößert werden oder die Dinge befinden sich immer paar-
weise im Sack. Nachdem die zusammengehörigen Teile gefunden sind,
werden sie aus dem Sack genommen und durch ein neues Paar
ersetzt.

Ich wollt, ich wär der Nikolaus

Text: Rolf Krenzer
Musik: Walther Vahrenkamp

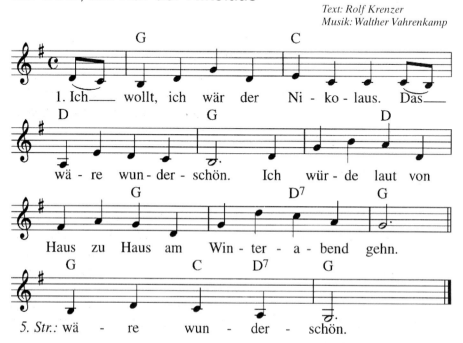

1. Ich—— wollt, ich wär der Ni - ko - laus. Das——
wä - re wun - der - schön. Ich wür - de laut von
Haus zu Haus am Win - ter - a - bend gehn.
5. Str.: wä - re wun - der - schön.

2. Ich hab einen großen Sack,
   den trag ich ganz allein.
   Und alles böse Lumpenpack,
   das steck ich da hinein.

3. Doch hat da etwa Angst ein Kind
   vor mir, dem Nikolaus,
   zieh ich den Mantel aus geschwind
   und seh wie immer aus.

4. Vom Kopf nehm ich die Mütze dann,
   damit es keinem graut.
   Dann kommt zum Schluss der Bart
   noch dran, und alle lachen laut!

5. Ich möcht so gern von Haus zu Haus
   am Winterabend gehn.
   Ich wollt, ich wär der Nikolaus.
   Das wäre wunderschön.

Requisiten

★ roter Mantel oder Umhang (mit Borden verziert)
★ Mitra aus Pappe mit Stoff überzogen
★ Bart aus Naturwolle (Faschingsartikel)
★ Jutesack mit Nüssen
★ Bischofsstab aus Holz

Spiel

Ein als Nikolaus verkleidetes Kind läuft im Kreis und singt mit der Gruppe das o. g. Lied. Die Kinder im Stuhlkreis können die Häuser darstellen, indem sich immer zwei Personen die Hände über dem Kopf reichen. Der Nikolaus verteilt Nüsse. Von Strophe zu Strophe legt der Kinder-Nikolaus seine Verkleidung ab. Durch mehrfaches Wiederholen können im Lauf der Tage alle Kinder einmal den Nikolaus spielen.

Lieber guter Nikolaus

Lie-ber gu-ter Ni-ko-laus, hör ein-mal, wir
Lie-ber gu-ter Ni-ko-laus, hör ein-mal, wir

ma - chen dir Mu - sik.
spie - len dir ein Stück.
sin - gen
klat - schen
stamp - fen
klop - fen
trom - meln
sum - men *usw.*

(Das »Kling, klang …« kann jeweils variiert werden z. B. »Summ, summ …« oder »Klopf, klopf …«)

Kling, kling, kling, kling, kling, kling, kling, kling, kling,

kling, kling, kling, kling, kling, kling, kling, kling, kling.

Nachdem der Nikolaus die Kinder beschenkt hat, möchten sie sich gerne bei ihm bedanken. Viele Kindergartengruppen gestalten die Nikolausfeier, indem sie die Wünsche der Kinder berücksichtigen. Das ganze Jahr über singen und spielen die Kinder im Stuhlkreis. Ihre Favoriten führen sie sehr gerne dem Nikolaus vor und beziehen ihn im Spiel ein. Die Organisation und das Vorbereiten der benötigten Utensilien übernehmen die Kinder mit großem Eifer.

Bei dem Lied ›Lieber guter Nikolaus ...‹ können auch die Dreijährigen schon mitspielen.

In der ersten Strophe begleiten die Kinder die Melodie mit Triangeln, Cymbeln und Schellen.

In der zweiten Strophe bieten sich Schlagstäbe, Holzblock- und Röhrentrommeln an. Für die dritte Strophe eignen sich Handtrommeln und Pauken. Die vierte Strophe wird leise gesummt.

Kindergärten mit einer großen Auswahl an Instrumenten können noch zusätzliche Strophen erfinden, die mit passenden Instrumenten begleitet werden. Auch körpereigene Instrumente, wie beispielsweise Klatschen mit den Händen, können eingesetzt werden.

Weihnachten

In der gesamten christlichen Welt wird am 25. Dezember das Weihnachtsfest gefeiert. Schon am 24. Dezember, am Heiligen Abend, beginnen die Feiern um die Geburt Jesu Christi. Die beiden Evangelisten Matthäus und Lukas berichten über die Geburt des Gottessohnes im Stall von Betlehem. Doch die Aussage der Weihnachtsgeschichte soll uns weniger Hinweise darüber geben, wie Jesus auf die Welt kam, sondern es geht in den Evangelien um die theologische Bedeutung der Person Jesu für den Glauben. Jesus wurde als Mensch unter Menschen geboren.

Gerade für Kinder bedeutet das Weihnachtsfest ein großes Ereignis, das in Kokurrenz zu dem eigenen Geburtstag steht. Christbaum, Weihnachtskrippe und nicht zuletzt die bunt verpackten Geschenke lassen das Weihnachtsfest einmalig werden. Die altersgemäßen Erzählungen der Weihnachtsgeschichte sprechen Kinder in besonderem Maße an, gerade weil ein Kind im Mittelpunkt steht. Gerne spielen sie das Ereignis der Weihnachtsgeschichte nach und erfahren durch alljährliches Wiederholen die Aussagekraft und Wichtigkeit. Die Bekanntschaft der Kinder mit Jesus sollte sich nicht nur auf die Weihnachtsgeschichte beschränken. Haben die Kinder zuvor den erwachsenen Jesus in Erzählungen und Gleichnissen kennengelernt, können sie die Geburtsgeschichte ihrem bisherigen Wissen über Jesus zuordnen.

Gottes Sohn wird in einer kargen, ärmlichen Unterkunft und in einer politisch wirren Zeit geboren. Diese Umstände stehen im Gegensatz zur heutigen wirtschaftlichen Situation, die es vielen ermöglicht, Weihnachten sehr üppig zu feiern. Besonders für Kinder sind die Geschenke an Weihnachten wichtig und sehr reizvoll. Der Sinn der Gaben als Zeichen von Sympathie und Zuneigung sollte darüber aber nicht vergessen werden. Sicherlich haben Kinder Sehnsüchte nach den Spielsachen, die die Medien anpreisen. Noch mehr wünschen sie sich aber Menschen, die mit ihnen und ihren Reichtümern spielen. Die grundlegenden, selten so direkt artikulierten Wünsche der Kinder an ihre Eltern sind Vertrauen, Geduld und Zuwendung. Werden diese sehr berechtigten Wünsche zufriedengestellt, tritt das Verlangen nach Dingen mit materiellem Wert in den Hintergrund. Verschenken wir an Weihnachten neben unseren materiellen Geschenken vor allem Zeit, Toleranz und Zuneigung bleibt der aktuelle Sinn des traditionellen Weihnachtsfestes erhalten.

Die Weihnachtsgeschichte

Das Geschehen um die Geburt Jesu steht im Mittelpunkt der Weihnachtszeit. Alle Vorbereitungen in der Adventszeit weisen auf dieses Ereignis hin. Mit der Geburt des kleinen Kindes im Stall beginnt eine neue Zeitrechnung, denn Gott hat seinen eigenen Sohn auf die Erde gesandt, um den Menschen die frohe Botschaft zu schicken. Gerade für Kinder ist dieses Fest der Höhepunkt im Kirchenjahr. Die Weihnachtsgeschichte ist für Kinder nachvollziehbar und daher leicht verständlich. Das Vorlesen der Geschichte sollte in gemütlicher Atmosphäre im Stuhlkreis, mit einem Adventskranz in der Mitte, geschehen, damit die Kinder gut zuhören können.

Das Weihnachtsevangelium nach Lukas war in der hier abgedruckten Geschichte Grundlage, doch wurde eine Ausdrucksweise gewählt, die den Kindern näher ist.

Mit Krippenfiguren kann die Weihnachtsgeschichte im Stuhlkreis gespielt werden. Aus Bausteinen werden die Häuser von Betlehem gebaut. Der Stall befindet sich in der aufgebauten Krippenlandschaft.

Die Kinder spielen das Weihnachtsgeschehen auch unbeobachtet sehr gern nach. Die nötigen Requisiten und Verkleidungen sollten den Kindern deshalb jederzeit zugänglich sein. Vor allem die Rollen der Tiere sind unter den Kindern sehr beliebt.

Der Engel Gottes bei Maria

Maria ist eine junge Frau. Gemeinsam mit dem Zimmermann Josef wohnt sie in einer kleinen Stadt, in Nazareth. Maria und Josef sind verlobt. Bald wollen sie heiraten. Eines Tages schickt Gott den Engel Gabriel zu Maria. Als der Engel in ihr Zimmer tritt, sagt er zu ihr: »Sei gegrüßt, Maria! Gott schickt mich zu dir, denn er hat etwas ganz besonderes mit dir vor.«

Da erschrickt Maria sehr und sie bekommt Angst. Sie weiß nicht, was das zu bedeuten hat. Doch der Engel Gabriel spricht weiter: »Hab keine Angst, sondern freue dich. Gott hat dich auserwählt. Bald wirst du einen Sohn bekommen. Du sollst ihn Jesus nennen. Er ist der König, auf den die ganze Welt wartet. Gottes Sohn wird er sein, denn Gott gibt dir die Kraft sein Kind zu tragen.«

Plötzlich hat Maria keine Angst mehr. Sie antwortet dem Engel: »Wie Gott es will, so soll es geschehen.« Daraufhin verlässt der Engel Maria. Sie bleibt glücklich zurück und freut sich auf das Baby, das in ihrem Bauch wachsen darf. Voller Freude läuft sie schnell zu Elisabeth, ihrer Freundin, um ihr alles zu erzählen. Auch Elisabeth wird bald ein Kind bekommen. Beide freuen sich über die große Aufgabe, die sie erfüllen dürfen.
(nach Lukas 1,26–38 und 39–43)

Heute ist euch der Heiland geboren

*A*ugustus ist Kaiser in Rom. Er ist ein sehr mächtiger Mann. Was er befiehlt, müssen die Menschen tun. Er will wissen, wie viele Menschen in seinem Reich leben. Daher soll jeder Mann mit seiner Familie an den Ort gehen, an dem er geboren wurde, um sich in eine Liste einzutragen. Wer auf dieser Liste steht, muss dem Kaiser Steuern bezahlen. Josef, Marias Verlobter, wurde in Betlehem geboren. Es ist ein weiter Weg dorthin und Maria erwartet bald ihr Kind. Doch sie müssen dem Kaiser gehorchen. So machen sich Maria und Josef auf den Weg von Nazareth nach Betlehem.

Sehr müde kommen sie endlich dort an. Hier brauchen sie ein Zimmer mit einem Bett für Maria. Jeden Moment kann das Kind kommen. Aber in jedem Gasthaus, wo Josef nach einem Zimmer fragt, sagen die Wirtsleute: »Es sind viele Leute in unserem Ort. Alle müssen sich in die Steuerlisten eintragen. Jedes Zimmer ist belegt. Wir haben kein Bett mehr frei.« Nur ein Wirt hat Mitleid mit den beiden. Er zeigt ihnen einen Stall auf dem Feld. »Hier habt ihr ein Dach über dem Kopf und das Stroh kann euch wärmen.« Maria und Josef sind froh, denn in dieser Nacht kommt Jesus zur Welt. In Windeltücher gewickelt legt ihn Maria in eine Futterkrippe, weil sie kein Bettchen für ihn hat. Gottes Sohn ist in einem

Stall geboren. Doch Maria und Josef freuen sich und sorgen gern für ihn. Über dem Stall erstrahlt ein großer heller Stern. In der gleichen Nacht lagern Hirten auf einem Feld ganz in der Nähe des Stalls. Hirten bleiben den ganzen Tag und die ganze Nacht bei ihren Schafen um sie zu beschützen. In der Dunkelheit sind die Hirten am Feuer eingeschlafen. Aber plötzlich strahlt es ganz hell in die Finsternis. Die Hirten wachen auf und sehen das helle Licht. Sie erschrecken sehr, als sie den Engel Gottes erblicken. Doch dieser sagt zu ihnen: »Fürchtet euch nicht. Ich möchte euch eine frohe Botschaft verkünden. Heute Nacht ist Gottes Sohn geboren. Lauft schnell zu dem Stall, in dem Jesus in einer Krippe liegt. Ihr findet ihn unter einem hellen Stern.« Es kommen immer mehr Engel zu den Hirten. Dann sind die Engel wieder fort, aber ihre Lieder hören die Hirten immer noch.

Schnell machen sich die Hirten mit den Schafen auf den Weg, um nach dem hellen Stern zu suchen. Unter dem Stern finden sie den Stall, in dem Jesus in einer Futterkrippe liegt. Die Hirten knien vor Maria, Josef und dem Jesuskind nieder und beten. Nachdem sie Gottes Sohn gesehen haben, erzählen sie es überall weiter: »Christus ist geboren – der Retter – der Frieden bringt! Er heißt Jesus und liegt in einem Stall in Betlehem.«
(nach Lukas 2, 1–20)

Herbergssuche (Fingerspiel)

Maria und Josef gehn zu zweit,	**Zeige- und Mittelfinger**
auf dem Weg nach Betlehem ganz weit.	**der einen Hand bewegen sich.**
Die Beine sind müde, die Füße so schwer,	**Füße treten müde auf den Boden**
sie stapfen im tiefen Schnee umher.	
Endlich sind sie in der Stadt,	**mit beiden Händen**
in der es viele Häuser hat.	**ein Dach anzeigen**
Sie klopfen an ein großes Tor,	**an einen Stuhl klopfen**
es schaut ein dicker Wirt hervor:	**Daumen der anderen Hand**
»Grüß Gott! Was wünschen sie?«	**stellt den Wirt dar**
»Ein kleines Zimmer bis morgen früh!«	**Zeige- und Mittelfinger bewegen**
»Wir sind voll bis unters Dach!	**mit beiden Händen Dach bilden**
Fragt im nächsten Gasthaus nach.«	
Die Beine sind müde, die Füße so schwer,	**Füße treten müde auf den Boden**
sie stapfen weiter im Schnee umher.	
Sie klopfen an das nächste Tor,	**an einen Stuhl klopfen**

wieder schaut ein Wirt hervor:	**Daumen der anderen Hand**
»Grüß Gott! Was wünschen sie?«	**stellt den Wirt dar**
»Ein kleines Zimmer bis morgen früh!«	**Zeige- und Mittelfinger bewegen**
»Voll besetzt ist dieses Haus!	
Ruht euch im Stall auf dem Feld dort aus.«	**in die Ferne deuten**
Die Beine sind müde, die Füße so schwer,	**Füße treten müde auf den Boden**
so stapfen sie wieder im Schnee umher.	
Sie finden den Stall und laufen hinein,	**mit einer Hand Höhle formen,**
endlich hört es auf zu schnein.	**Zeige- und Mittelfinger**
	darin verbergen
In der tiefen dunklen Nacht,	**beide Arme stellen eine Wiege**
hat Maria ihr Kind zur Welt gebracht.	**vor dem Körper dar**
Die Engel singen im hellen Chor,	**alle Finger bewegen sich auf und ab**
den Hirten die frohe Botschaft vor:	
»Zu Esel und Ochse, dem dicken,	
wollen wir euch schicken,	
zu beten vor dem Jesuskind.	
Lauft nun zum Stall geschwind.«	
Freut euch, Friede wird werden!	
Freut euch, Frieden auf Erden!«	

Krippenfiguren

Vorbereitung

★ Toilettenpapier-Rollen
★ Styroporkugeln
  (Durchmesser 5 cm)
★ weißes Seidenpapier
  (25 x 35 cm)
★ Tapetenkleister
★ Pfeifenputzerdraht
  (Biegeplüsch)
★ Wasser- oder Fingerfarben
  mit Pinsel
★ ungesponnene Wolle
★ dünne Kordeln
★ Stoffreste oder Bastelfilz
★ Schere
★ Leim

Mit Tapetenkleister wird die Styroporkugel (Kopf) in die Toilettenpapier-Rolle geklebt. Anschließend bestreichen die Kinder sowohl die Kugel als auch die Rolle mit Kleister. Mit dem Seidenpapier wird die ganze Figur eingehüllt. Dafür setzt man die Mitte des Papiers an der Kugel an und streicht es dann stramm nach unten. Aus dem Papierüberschuss an der Seite formt man zwei Arme, die mit einem Stück Biegeplüsch gefestigt werden können. Abstehendes Papier wird mit Hilfe von Tapetenkleister in entsprechende Form gebracht. Aus diesem Rohling entstehen je nach Gestaltung die verschiedenen Krippenfiguren, Maria, Josef, Hirten und die Könige. Nach dem Trocknen wird der Rohling mit Farben beliebig bemalt. Nun können aus ungesponnener Wolle und Stoffresten Haare, Bärte und Kleidung entstehen. Diese werden mit Leim angebracht und mit Kordeln befestigt. Aus Fell- und Lederresten können die Kinder noch weitere schöne Details gestalten.

Jesuskind

Zusätzlich zu den o. g. Materialien benötigt man:
★ Flaschenkork
★ Wattekugel (Durchmesser 2 cm)
★ weißes Seidenpapier (10 x 15 cm)

Nachdem die Wattekugel (Kopf) auf den Korken geklebt wurde, wird die ganze Figur mit Kleister bestrichen und in Seidenpapier gehüllt. Das Papier wird fest an den Körper geklebt. Nach dem Trocknen wird der Rohling mit Farbe und Stoff ausgestaltet.
Als Futterkrippe eignet sich ein Stück Rinde, das mit Stroh ausgekleidet wird.

Der Weg nach Betlehem (Tastspiel)

In diesem Angebot machen Kinder Erfahrungen mit ihrem eigenen Körper. Auf diese Weise verarbeiten sie die Weihnachtsgeschichte nicht
nur rational, sondern auch über die eigene Wahrnehmung.

Material
★ große Kartons (Randhöhe ca. 8 cm)
★ Kieselsteine
★ Rinde
★ Sand
★ Watte
★ Geschenkfolie
★ Rindenmulch
★ Laub
★ Styroporchips
★ Holzwolle oder -späne

Die Kartons werden mit den verschiedenen Materialien gefüllt.
Mit den gefüllten Kartons wird eine Straße gelegt, auf der die Kinder
barfuss gehen. Dabei fühlen sie die unterschiedlichen Oberflächen mit
der Fußsohle und den Zehen. Intensiviert wird das Empfinden, indem
die Kinder mit geschlossenen Augen über die Taststraße geführt
werden. Dabei können sie die unterschiedlichen Materialien benennen.
Die Kartons können auch untereinander vertauscht werden.
Nach einigen Durchgängen treffen sich alle Kinder und tauschen ihre
Empfindungen aus. In welchem Karton ist es angenehm zu stehen?
Welcher Karton ist weniger schön für die Füße?
Nun werden zwei Straßen gebaut: eine schöne und eine unangenehme. Die Erzieherin stellt die Verbindung zur Weihnachtserzählung her,
indem sie den Kindern erklärt:
»Maria und Josef müssen einen sehr weiten Weg gehen. Mehrere
Tage sind sie unterwegs, um von Nazareth nach Betlehem zu kommen. Autos, Züge und Flugzeuge gab es vor 2000 Jahren noch
nicht. Wenn man verreisen wollte, musste man zu Fuß gehen. Nur
wenige Leute hatten ein Pferd oder einen Esel. Darauf transportier-
ten sie das Gepäck und den Proviant, damit sie nicht so schwer
schleppen mussten. Der Weg, den Maria und Josef gehen müssen,
ist sehr steinig. Immer wieder versperrt ein Hindernis die Straße.

Auch Äste und welke Blätter liegen am Boden. Nicht immer ist es leicht für sie vorwärts zu kommen.

Deshalb sind die beiden sehr froh, als sie endlich in Betlehem ankommen. Sie freuen sich auf ein Zimmer mit einem Bett, in dem sie sich von der langen Reise ausruhen können.«

Gemeinsam gehen die Kinder noch einmal die unangenehme Straße.

Luisas Weg zur Krippe

Heute will ich euch eine Geschichte von einer Schildkröte erzählen, die vor vielen, vielen Jahren gelebt hat. Damals war sie schon uralt und weil sie so alt war, wusste sie sehr viel von den Tieren, den Menschen, von Gott und der ganzen Welt.

In jener Nacht, als die Engel den Hirten die frohe Botschaft verkündeten, graste Luisa, so hieß die Schildkröte, auf dem gleichen Feld, wie die Schafe. Sie aß gerade an einem saftigen Stengel, als sie von einem hellen Licht geblendet wurde. Sofort zog sie sich unter ihren Panzer zurück. Doch da hörte sie eine feine Stimme, die sprach: »Fürchtet euch nicht. Euch ist heute ein König geboren. Folgt dem großen Stern am Himmel und ihr werdet ihn in einem Stall finden!« Während die Engel noch sangen, wusste Luisa auf einmal, dass nun der Moment gekommen war, auf den sie schon so lange gewartet hatte. Endlich ist er da. Er, der alles gut macht, Streit und Ärger besiegt und Friede bringt.

Mit einem Auge wagte sie, unter ihrem Panzer hervorzublinzeln. Da sah sie einen großen hellen Stern am dunklen Himmel. Mutig streckte sie ihren ganzen Kopf hervor und entdeckte die Hirten, die sehr aufgeregt am Feuer erzählten. Langsam wurden vom Schein des leuchtenden Sterns auch die Schafe wach und blökten wild durcheinander. Sie waren ganz verwirrt, weil es mitten in der Nacht plötzlich so hell war. Ein hungriges Schaf kam auf Luisa zu und blökte: »Lass mir die frischen Kräuter. Ich bin viel größer als du und muss jeden Tag weite Wege gehen. Hau ab!« Doch Luisa ließ sich nicht einschüchtern. Mit leiser Stimme sprach sie langsam: »Heute Nacht dürfen wir nicht streiten. Ein König ist geboren!« »Ein König?«, fragte das Schaf. »Morgen muss ich mit meinem Hirten weiterziehen. Lass mich endlich Kräuter und Gras fressen. Aus dem Weg jetzt!« Da zeigte die Schildkröte auf den hellen Stern.

»So ein Licht habe ich noch nie gesehen. Es ist ja viel heller als die Laterne meines Hirten. Dein König muss ein besonders guter Hirte sein!«, rief das Schaf erstaunt. »Komm«, sagte Luisa, »lass uns dem Stern folgen. Er wird uns den Weg zu einem Stall zeigen. Dort werden wir den König finden.«

Friedlich machten sich die beiden auf den Weg. Weil Luisa nur langsam voran kam, ging auch das Schaf gemütlich und wartete immer auf die kluge Schildkröte.

Nach kurzer Zeit stellte sich ihnen ein Wolf in den Weg. Erschrocken zuckte das Schaf zusammen als der Wolf seine spitzen Zähne zeigte und sprach: »Was für ein Glück. So ein Schaf ohne Hirte kommt mir sehr gelegen. Ich habe großen Hunger!« Schon wollte das ängstliche Schaf davonlaufen. Doch Luisa kroch mutig hervor und sprach: »Heute Nacht dürft ihr nicht kämpfen. Ein König ist geboren!« »Ein König?«, fragte der Wolf. »Was interessiert mich ein König? Ich bin selbst stark und mächtig.« Da zeigte Luisa auf den hellen Stern. »So ein helles Licht habe ich noch nie gesehen. Es ist noch viel heller als das Feuer der Hirten. Dein König muss ein mächtiger König sein!«, rief der Wolf erstaunt. »Komm«, sagte Luisa »lass uns dem Stern folgen. Er wird uns den Weg zu einem Stall zeigen. Dort werden wir den König finden.« Friedlich ging der Wolf hinter der Schildkröte und dem Schaf her.

Im Wald kamen sie zu einer Höhle. Mit lautem Brummen kam ein großer zottliger Bär heraus. »Wer stört mich in meinem Schlaf? Könnt ihr nicht leise sein! Ich bin noch sehr müde!«, brummte der Bär. »Entschuldige, Meister Petz«, sagte der Wolf. »Wir sind auf dem Weg zu einem neuen König, der noch größer ist als du.« »Ein König? Größer als ich?«, schrie der Bär und hob eine Tatze. »Ich bin der König des Waldes. Wer mir widerspricht, den verprügle ich!«

Mutig kroch Luisa hervor und sprach langsam mit leiser Stimme: »Heute Nacht dürft ihr nicht prügeln. Ein König ist geboren!« »Ich bin der König!«, schrie der Bär wütend. Da zeigte die Schildkröte auf den hellen Stern. »So ein helles Licht habe ich noch nie gesehen. Es ist noch viel heller als alle Lichter der Stadt. Dein König muss wirklich ein großer König sein!«, rief der Bär erstaunt. »Komm,« sagte Luisa, »lass uns dem Stern folgen. Er wird uns den Weg zu einem Stall zeigen. Dort werden wir ihn finden.« Friedlich ging der Bär hinter dem Wolf, dem Schaf und der Schildkröte her. Auch er eilte nicht voraus, sondern tapste langsam mit.

Langsam, aber sicher kamen sie dem Stall immer näher. Endlich war der große Augenblick gekommen und Luisa stand mit ihren Freunden vor der Krippe, in der ein kleines Baby lag. »Das soll der neue König sein?«, fragte leise der Bär. Luisa lächelte und sagte: »Siehst du nicht, wie er strahlt. Ein König, der Frieden in die Herzen der Menschen bringt, muss nicht groß sein.« Da blickte das kleine Kind in der Krippe zu dem Bären und streckte die Arme nach ihm aus. Der Bär freute sich und trat ganz leise an die Krippe heran, damit Jesus sein warmes Fell streicheln konnte. Ein bisschen schämte sich Meister Petz sogar, weil er in diesem kleinen Menschen nicht sofort den neuen König erkannt hatte.
Luisa aber, die schon sehr lange auf dieses Ereignis gewartet hatte, wusste wer vor ihr lag. Noch nach vielen hundert Jahren wird man von Jesus erzählen.

Der Weihnachtsstern

Von Osten strahlt ein Stern herein
mit wunderbarem hellen Schein,
es naht, es naht ein himmlisch Licht,
das sich in tausend Strahlen bricht!
Ihr Sternlein auf dem dunklen Blau,
die all ihr schmückt des Himmels Bau,
zieht euch zurück vor diesem Schein.
Ihr werdet alle winzig klein!
Verbergt euch, Sonnenlicht und Mond,
die ihr stolz am Himmel thront!
Er naht, er naht sich von fern –
von Osten her – der Weihnachtsstern!
Franz von Pocci

Kommt, wir wolln nach Betlehem

Text und Musik: Volker Rosin

Refrain

Kommt, wir wolln nach Bet - le - hem. Kommt doch al - le mit. Wolln uns dort das Kind be - sehn. Kommt mit schnel - lem Schritt._____ 1. Ich bin nur ei - ne Kuh. Ge - hör ich auch da - zu? Na - tür - lich. Si - cher. Ganz be - stimmt_____ hat dich lieb das Je - sus - kind._____ Na - tür - lich. Si - cher. Ganz be - stimmt_____ hat dich lieb das Je - sus - kind.

Refrain
2. Ich bin nur eine Maus.
   Darf ich wohl mit euch raus? …

Refrain
3. Ich bin ein rosa Schwein.
   Darf ich auch bei euch sein? …

Refrain
4. Ich steh als Esel hier.
   Darf mit ein solches Tier? …

Refrain
5. Ich bin als Pferd zu sehn.
   Darf ich auch mit euch gehn? …

Von Kindern, Lämmchen und Hirten

Das Lamm (Meditatives Spiel)

Gerade Kinder finden im Lamm ein Bild für ihr eigenes Leben. Auch sie sind noch klein und brauchen die Fürsorge und Pflege ihrer Eltern. Doch nach und nach können sie eigene Schritte gehen. Mit der Führung und dem Vertrauen ihrer Eltern erforschen sie ihre Umwelt. Dabei begegnen sie immer wieder neuen, spannenden Fragen, aber auch Gefahren. Kinder wollen selten alleine sein und suchen Gleichgesinnte für ihre Eroberungszüge. In der Gruppe fühlen sie sich sicher und geborgen, wie ein Lämmchen in seiner Herde.

Material
★ braunes Tuch
★ Holzstäbchen, kleine Äste, Rinde und Wurzeln
★ Stroh
★ Lamm aus Wolle
★ grünes Tuch
★ Kieselsteine

In der Mitte des Sitzkreises wird ein braunes Tuch ausgebreitet. Die Kinder legen Holzstäbchen, kleine Äste, Wurzeln und Rindenstücke an den Rand und fassen das Tuch ein. Stroh wird auf dem Tuch ausgelegt. Die Kinder tauschen sich über ihre Assoziationen aus. Die Erzieherin stellt eine Futterkrippe hinzu und erklärt: »Wir sehen einen Stall. Auf dem Boden liegt Stroh.« Die Kinder berichten über ihre Erfahrungen im Stall.
Nachdem die Kinder ihre Augen geschlossen haben, legt die Erzieherin ein Lamm auf das Stroh in eine Ecke des ›Stalls‹. Ein einfaches Flötenspiel kann diese Handlung begleiten. Die Kinder öffnen auf dieses Signal ihre Augen. Die Erzieherin erklärt: »Heute ist in unserem Stall ein Lämmlein geboren. Es liegt auf dem warmen Stroh. Es muss nicht frieren, weil es von seiner Mutter gleich nach der Geburt trockengeleckt wurde. Auch von der Muttermilch durfte es sofort trinken. Jetzt ist es satt und ein wenig müde. Die anderen Schafe sind auf der Weide um Gras zu fressen.« Behutsam nimmt die Erzieherin das Lamm in ihre Hände, streichelt es, berührt das Tier mit ihren Wangen und schnup-

pert daran. Sie wiegt es in ihrem Arm. Anschließend fordert sie das Nachbarskind auf, mit den Armen eine Wiege zu formen und bettet das Lämmlein hinein. Alle Kinder machen nacheinander ihre Erfahrungen mit dem Tier. Begleitend kann die Erzieherin auf der Flöte spielen. Am Ende wird das Lamm wieder auf das Stroh gelegt. Nun nennen die Kinder seine Eigenschaften: es ist klein und hilflos; aber auch warm und weich, weil es ein Fell hat; am Kopf hat es zwei Ohren; es steht auf vier Beinen.

Die Erzieherin fährt fort: »Solange das Lämmlein noch klein ist, wird es jeden Tag von seiner Mutter versorgt. Sie putzt sein Fell und gibt feine Muttermilch. Doch langsam wird das Lamm größer und stärker. Den ganzen Stall hat es schon erkundet. Nun träumt es von der grünen Weide, vom frischen Gras und den saftigen Kräutern.«

Ein grünes Tuch wird neben dem ›Stall‹ ausgebreitet. Mit Kieselsteinen wird eine Mauer um das Tuch gebaut. »Hier sehen wir die Weide der Schafe. Damit sich die Schafe nicht verirren, wurde eine Mauer gebaut. Hier drinnen fühlen sie sich sicher und geborgen. Endlich darf auch unser kleines Schäfchen hinaus zum Spielen.«

Ein Kind wird aufgefordert, das Schäflein vom ›Stall‹ auf die ›Weide‹ zu führen. »Freudig springt es im Gras umher und schnuppert an den Kräutern. Vorsichtig probiert es einen Halm. Er schmeckt so gut, dass es gleich noch mehr davon essen muss. Den ganzen Tag über spielt das kleine Schaf auf der Weide und entdeckt viele neue Dinge, die es im Stall nicht gegeben hat. Sehr müde kehrt es am Abend in den Stall zurück. Sofort schläft es auf dem weichen Stroh ein.«

Die Kinder rollen sich auf ihrem Platz ein und schließen die Augen. Sie träumen von den Erlebnissen des Schäfleins auf der Weide: Was hat es gesehen? Wie fühlt sich das Gras an? Wie riechen die Kräuter?

Falls die Kinder die Stille nicht gewöhnt sind, kann das Flötenspiel den Traum begleiten.

»Ganz zärtlich wird das kleine Schaf am nächsten Morgen von seiner Mutter geweckt.«

Jedes Kind, das von der Erzieherin gestreichelt wurde, öffnet die Augen.

Jeden Tag dürfen wir viel erleben.
Wir spielen zu Hause und im Kindergarten
und entdecken immer wieder etwas Neues.

Guter Gott! Vater im Himmel!
Wir danken dir für unsere Eltern, die jeden Tag für uns sorgen.
Sie geben uns schöne Kleider und gutes Essen.
Sie helfen uns und lassen uns auch eigene Schritte gehen.
Danke, dass auch du immer bei uns bist und uns beschützt.
Amen.

Behutsam tragen die Kinder das Lämmlein in den Gruppenraum und suchen dort einen geeigneten Platz, an dem es gut aufgehoben ist. Vielleicht haben die Kinder zu Hause auch kuschelige Schäfchen, die sie mit in den Kindergarten bringen. So kann eine große Schafherde entstehen. Die Kinder basteln auch gern Schäfchen, die an der Krippe Platz finden.

Ak koyun / Das weiße Schaf

Text und Musik: mündlich überliefert;
bearbeitet von Friedrich Reinhardt und
Münnever Bilgin-Schnackenburg

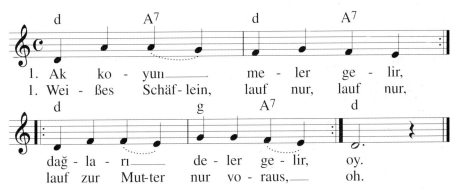

1. Ak ko - yun me - ler ge - lir,
1. Wei - ßes Schäf- lein, lauf nur, lauf nur,
dağ - la - rı de - ler ge - lir, oy.
lauf zur Mut-ter nur vo - raus, oh.

2. Hakikatli yar olsa,
geceyi böler gelir, oy.

2. Sag, ich wär so gern zu Hause,
sag, wie sehr ich lieb sie habe, oh.

Der Hirte und das verlorene Schaf
(Meditatives Spiel)

Vielen Kindern ist der Beruf des Schäfers oder des Hirten nicht mehr bekannt. Nur selten sieht man im Vorbeifahren eine Schafherde, die von einem Schäfer bewacht wird. Doch die beschützenden Gefühle, die ein Hirte seiner Herde gegenüber entwickelt, kennen die Kinder sehr gut. Mit mütterlicher und väterlicher Sorge kümmern sie sich um ihre Haustiere. Sie sorgen sich auch um ihre Puppen, Teddybären und andere Kuscheltiere. Sie füttern ihre Lieben, bringen sie zu Bett und trösten sie bei Traurigkeit und Schmerz.

Gerade diese Eigenschaften der Fürsorglichkeit gilt es in dieser Einheit zu fördern. Das Verantwortungsbewusstsein gegenüber der Natur und den Mitmenschen ist bei Kindern im Kindergartenalter unterschiedlich ausgeprägt. Die Erfahrungen der Kinder sind je nach Familie verschieden.

Material
★ Stall und Weide mit Lamm
★ Schafe (der Anzahl der Kinder entsprechend + 1 Schaf)
★ Hirte (aus Schafwolle oder ein Biegepüppchen
  mit Mantel, Hut und Stab)
★ kleine Äste

In einer Ecke des Raumes versteckt die Erzieherin vor Beginn des Angebots ein Schaf, das sich in Dornen und Gestrüpp verfangen hat. Die Kindergruppe findet sich in dem Raum ein, in dem der Stall und die Weide aufgebaut sind. Auf jedem Platz liegt ein Schaf. Die Erzieherin fordert die Kinder auf, sich in Ruhe einen Namen für das Schäflein zu überlegen. Dabei können die Mädchen und Jungen es behutsam im Arm wiegen und streicheln.

Während des Flötenspiels haben die Kinder Zeit, sich mit ihrem Schaf vertraut zu machen.

Nacheinander stellen die Kinder ihre Schafe in den Pferch und nennen dabei die Namen.

Angeregt durch die Erzieherin erkären die Kinder, welche Gefahren ihren Schafen drohen können. Indem die Kinder diese Befürchtungen mitteilen, können auch eigene Ängste geäußert werden, da sich einige Kinder mit ihrem Schaf identifizieren.

Die Erzieherin erklärt: »Wenn wir uns alle fest an den Händen fassen, können wir die Herde auch vor äußeren Gefahren schützen. So können keine wilden Tiere in den Stall und in den Pferch eindringen.«
Die Gruppe stellt einen Zaun oder eine Mauer dar. Die gemeinsame Aufgabe verbindet die Kinder untereinander.
Die Erzieherin fährt fort: »Doch nun haben die Schafe das ganze Gras der Weide abgefressen. Jetzt kommt die Zeit, in der die Herde weiterziehen muss. Sie sucht nach einer Weidefläche mit saftigen Kräutern. Doch dazu müssen sie ihren Pferch verlassen. Wer wird mit ihnen gehen und auf sie aufpassen?«
Die Erzieherin deckt einen Hirten auf. Sie reicht die Figur im Kreis weiter. Jedes Kind hat die Möglichkeit, den Hirten zu betrachten und anzufassen.
»Das ist ein Hirte. Seine Aufgabe ist es, die Schafherde zu bewachen. Er zieht mit den Schäfchen von Weide zu Weide und schaut nach, dass keines zurückbleibt. Die kranken und sehr jungen Tiere trägt er sogar ein Stück. Jedes Schaf aus seiner Herde kennt er. Nun wird er mit den Schafen den Pferch verlassen und sich mit ihnen auf den Weg machen.«
Die Erzieherin öffnet an einer Stelle die Mauer. Jedes Kind führt sein Schaf zum Hirten, der außerhalb der Mauer wartet. Gemeinsam ziehen sie ein Stück durch den Raum. Ein weiteres grünes Tuch wird ausgebreitet auf dem sich die Herde mit ihrem Hirten einfindet.
»Am Abend haben sie eine neue Weide gefunden. Hungrig fressen sie das frische Gras. Nun sind sie alle sehr müde. Sie kuscheln sich eng zusammen und schlafen friedlich ein. Sie wissen, dass der Hirte über ihren Schlaf wacht und sie vor jeder Gefahr schützen wird. Der Hirte sitzt am Feuer und wärmt sich. Die ganze Nacht wird er im Freien bei seinen Schafen verbringen. Bevor er selbst die Augen schließt, zählt er alle Tiere durch, damit er beruhigt ausruhen kann. Hat er sich verzählt? Ein Schaf fehlt! Er möchte ganz sicher sein und zählt die Schafe nochmals durch. Nein, er hat sich nicht verzählt. Ein Tier ist nicht bei der Herde. Schnell zündet er am Feuer seine Laterne an, denn mittlerweile ist es schon dunkel geworden. Er spürt, dass sein Tier in Gefahr ist und will es nicht alleine lassen.«
Die Erzieherin zündet die Kerze einer Laterne an.
»Zuerst sucht der Hirte die nähere Umgebung ab, aber er findet das Schaf nicht. Daraufhin beschließt er, die Herde alleine zu lassen und sich auf die Suche nach dem verlorenen Schaf zu begeben.«

Alle Kinder werden aufgefordert, dem Hirten zu helfen. Gemeinsam suchen sie den Raum ab. Wenn sie das Schaf gefunden haben, befreien sie es aus dem Gestrüpp und tragen es behutsam zur Herde zurück. Dicht beim Hirten darf es die Nacht verbringen.

»Glücklicherweise haben wir das Tier gefunden, das sich in den Ästen und Dornen verfangen hat. Alleine hätte es sich nicht befreien können. Am ganzen Körper hat es gezittert. Um dieses eine Schaf zu finden, hat der Hirte die Herde alleine gelassen. So wichtig ist ihm jedes einzelne Schaf. Die ganze Nacht darf nun das wiedergefundene Schaf dicht beim Hirten schlafen. Es braucht keine Angst mehr zu haben.«

Die Kinder berichten von eigenen angsterfüllten Erlebnissen, in denen sie sich alleine gefühlt haben. Zum Abschluss der Spielgeschichte kann ein Gebet gesprochen werden.

Der Hirte sorgt sich um seine Herde.
Vor allen Gefahren will er sie beschützen.
Selbst wenn ein Schaf aus der Herde verloren geht,
macht er sich auf, um es zu suchen.
Er ist ein guter Hirte.
Guter Gott! Vater im Himmel!
So wie unsere Eltern bist auch du immer für uns da.
Du hörst uns, wenn wir rufen und deine Hilfe brauchen.
Danke, dass du Jesus zu uns schickst, der uns aus der Angst befreit.
Du bist unser Hirte. Amen.

Glockenkettchen

Material
★ Wollfäden
★ Bastelstroh
★ Korkenscheiben
★ Perlen
★ Glöckchen

Die meisten Schafe tragen ein Glöcklein um den Hals, damit der Hirte hören kann, wenn sich ein Tier von der Herde entfernt. Jeder Hirte erkennt seine Schafe am Klang der Glöckchen. Aus Bastelstroh (in 2-3-cm lange Stücke schneiden), Korkenscheiben und Perlen erstellt jedes Kind für sich eine Kette mit einem Glöckchen (aus dem Bastelbedarf).

Auch aus einer selbstgedrehten Kordel können Glockenbändchen für das Handgelenk entstehen, die beim Singen und Klatschen schön mitklingen.

Sehr geschickte Kinder können das Glöcklein auch in ein Freundschaftsbändchen einflechten.

Ein selbstgemachter Weihnachtsstern

Material
★ Bastelkarton
★ Zirkel
★ Bleistift
★ Schere
★ evtl. Farben

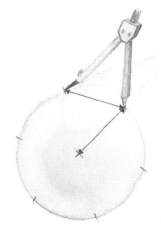

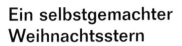

Mit dem Zirkel wird auf dem Bastelkarton ein Kreis aufgezeichnet, dessen Umfang in sechs gleiche Teile eingeteilt wird. Dies erreicht man, indem man den Kreisradius auf dem Kreisumfang sechsmal markiert.

Danach werden gemäß der Skizze zwei Dreiecke eingezeichnet (eines mit der Spitze nach oben, das andere mit der Spitze nach unten). Jede Schnittstelle wird mit der gegenüberliegenden verbunden, so dass zwölf gleichseitige Dreiecke entstehen, die mit der Schere ausgeschnitten werden. Nun können die Kinder die Dreiecke noch farblich gestalten und später zu einem Stern zusammensetzen.

Tipp: Sehr hübsch wirkt der Stern, wenn er aus Aluminiumfolie mit zweifarbigen Seiten gebastelt wird.

Weihnachtliches Allerlei

Freudentanz

In Südamerika leben viele Christen, deren Glaube von traditionellen Riten der Indios geprägt ist. Auch die Feierlichkeiten an Weihnachten – in Südamerika ist dann gerade Sommer - haben einen anderen Charakter als in den nördlichen Breiten. Die Südamerikaner feiern kein besinnliches Fest im Kerzenschein, sondern verleihen ihrer Freude über die Geburt Jesu durch Feierlichkeiten Ausdruck, die eher mit dem Trubel in unserer Silvesternacht zu vergleichen sind. In der Heiligen Nacht wird viel gesungen und getanzt. Zur Ehre und über die Freude der Geburt Jesu tanzen die Kinder vor der Krippe.

Krippentanz

Die Kindergartenkinder lassen vor der Krippe den Weihnachtsstern aufgehen. Hierzu benötigt jedes der sechs oder zwölf Kinder ein gleichseitiges Dreieck eines Weihnachtssterns (siehe Seite 123). Diese Dreiecke sollten entsprechend groß und stabil sein (z.B. Sperrholz). Als musikalische Begleitung eignet sich z. B. Kitaro »Silk Road«, Vol.2/4 Silver Moon, Kuckuck Schallplatten, E.R.P. Musikverlag, München 1981.

Die Kinder knien im Kreis gebeugt auf dem Boden und halten das Dreieck an den zwei unteren Ecken fest.

Zur Musik erheben sie sich langsam und halten das Dreieck mit der Spitze nach oben über den Kopf. Sie drehen sich langsam um ihre eigene Achse.

Gemeinsam richten sie die Spitzen der Dreiecke in die Mitte.

124

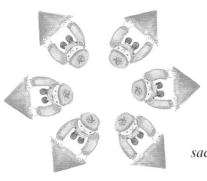

Nach einer halben Drehung zeigen alle
Spitzen nach außen.

Nun halten die Kinder die Dreiecke
wieder über den Kopf und wiegen sie
sacht hin und her.

Langsam nehmen sie sie wieder herunter
und halten sie wie ein Tablett vor den Körper.

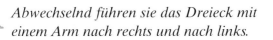

Abwechselnd führen sie das Dreieck mit
einem Arm nach rechts und nach links.

Die Kinder knien sich wieder hin und
wiegen ihr Dreieck auf und ab, während
sie nacheinander die Dreiecke in der
Mitte zu einem Stern legen.

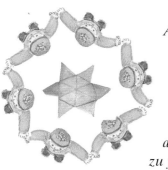

Anschließend erheben sie sich, fassen sich
an den Händen und gehen im Kreis. Für kurze
Zeit lassen sie die Hände
los, um sie nach ei-
ner halben Dre-
hung nach
außen erneut
zu fassen. Nun
bewegen sie lang-
sam die Arme mehrmals nach außen.

Zum Abschluss knien die Kinder wieder auf dem Boden, lassen die Hände
des Nachbarn los und strecken sich mit
vorgereckten Armen nach vorne.

Der Weihnachtsbaum (Fingerspiel)

Fünf Buben sind zum Markt gelaufen,	**rechte Hand hochhalten**
um einen Weihnachtsbaum zu kaufen.	**und drehen**
Der erste sucht das Bäumchen aus,	**Daumen zeigen**
der zweite trägt es stolz nach Haus.	**Zeigefinger zeigen**
Der Dritte stellt zu Haus es auf,	**Mittelfinger zeigen**
der vierte hängt den Schmuck darauf.	**Ringfinger zeigen**
Der fünfte steckt die Kerzen dran.	**kleinen Finger zeigen**
Nun, Christkind, komm und zünd sie an!	**mit beiden Händen**
Elfriede Pausewang	**das Christkind heranwinken**

Der Lebensbaum

Bäume, die auch im Winter grün sind, finden an Weihnachten ihren Platz in den Wohnzimmern vieler Familien. Als grüner Lebensbaum ist die Tanne ein Zeichen der Hoffnung. Geschmückt und mit leuchtenden Kerzen versehen wird er zum Lebenssymbol. Den Bezug zum christlichen Glauben erhalten wir, wenn der Weihnachtsbaum zum Treffpunkt für gemeinsames Singen und Erzählen in der Familie wird.
Schon bevor die Menschen im Norden Christen wurden, stellten sie im Winter, in der Julzeit, mit Stechpalmen geschmückte Baumstämme auf. Die sogenannten Julklötze brannten zwölf Nächte lang und waren Mittelpunkt der geschmückten Wohnstätten. Brennende Strohräder wurden nach heidnischem Brauch die schneebedeckten Berge hinuntergerollt. Die bösen Geister sollten dadurch vertrieben werden. Diese Bräuche verschwanden, als sich das Christentum in Skandinavien ausdehnte. Reste dieser Bräuche finden sich noch heute: Der Christbaum wird, wie einst der Julklotz, in den skandinavischen Ländern während der Christmette am frühen Weihnachtsmorgen von einem Ziegenbock aus Stroh bewacht.

Die Weihnachtskrippe

Das Besuchen von Weihnachtskrippen in Kirchen oder auf Märkten ist bei allen Kindern sehr beliebt. Die unterschiedlichsten Darstellungen in den verschiedenen Regionen haben eines gemeinsam: Das Jesuskind in der Futterkrippe, das von Maria und Josef umrahmt wird. Im Stall dürfen Ochs und Esel nicht fehlen. Auch die Hirten und Schafe, die auf dem nahgelegenen Feld lagern, sind häufig dargestellt. Der Engel, der die frohe Botschaft verkündet, hat seinen festen Platz. Die drei Weisen aus dem Morgenland werden am 6. Januar zur Krippe gestellt. Die Tradition um das Aufstellen von Weihnachtskrippen, die auch in vielen Familien gepflegt wird, ist auf das Jahr 1223 zurückzuführen. Damals lud Franz von Assisi in der Weihnacht seine Brüder und Hirten mit ihren Tieren ein, im Wald von Greccio das heilige Geschehen von Betlehem nachzubilden. So entstand die erste Krippe mit lebenden Figuren.

Väterchen Frost

*D*er Mal- und Basteltisch im Kindergarten ist bei den Kindern so kurz vor Weihnachten sehr beliebt. Neben dem üblichen Material, wie Farbstifte, Schere und Papier, hat die Erzieherin auch Alu-Bastelfolie in Gold und Silber bereitgelegt. Schon den ganzen Vormittag sitzen Katja, Hanna und Matthias am Tisch und schneiden goldene Sterne aus. Katja und Hanna schmücken damit das Fenster im Flur, Matthias klebt all seine Sterne auf den Tannenbaum, den er mit dicken Wachsmalstiften auf einen großen Bogen Zeichenpapier gemalt hat. »An unserem Christbaum brannten im letzten Jahr echte Kerzen«, erzählt Hanna. Daraufhin berichtet Katja ganz stolz: »Meine Mama und ich haben gestern den Christbaumschmuck gebastelt. Aus weichem Ton haben wir große und kleine Sterne ausgestochen. Wenn sie gebacken sind, hängen wir sie an den Baum.« »Mein Opa hat am Wochenende Tiere aus Holz ausgesägt. Wenn ich alle mit Schleifpapier abgeschmirgelt habe, will er sie bemalen und in die Weihnachtskrippe stellen. Maria, Josef und das Jesuskind hat er uns schon im letzten Jahr geschenkt«, berichtet Matthias. Das war das Stichwort für Katja: »Oh, ich weiß noch genau, was im letzten Jahr unter dem Christbaum stand. Es war so groß, dass sogar ein Bogen Geschenkpapier nicht ausgereicht hat. Ich habe ein Puppenhaus mit zwei Stockwerken bekommen.« »Meine Schwester und ich sammeln jedes Jahr das ganze Geschenkpapier, machen damit einen großen Haufen und springen vom Sofa aus hinein. Das macht sehr viel Spaß«, freut sich Hanna« »Ich freue mich heute schon auf das Weihnachtsessen. Besonders auf den Nachtisch, denn jeder bekommt soviel Vanilleeis wie er möchte!«, schreit Matthias. Nach und nach sind noch andere Kinder aus der Gruppe zum Maltisch *gekommen und unterhalten sich mit Katja, Hannah und Matthias über Weihnachten. Von geschmückten Tannenbäumen, den buntverpackten Geschenken und dem Krippenspiel in der Kirche erzählen sie. Immer wieder fällt ihnen etwas Neues ein. Dabei achten sie überhaupt nicht auf Mascha, die ruhig an einer Ecke des Tisches sitzt und malt. Erst als sie mit leuchtenden Augen aufspringt und ihr Bild zeigt, schauen die Kinder zu ihr. Auf ihrem Bild erkennen sie viele Kinder in bunten Kostümen. Auch ein Weihnachtsmann ist dabei. Alle tanzen durcheinander. Da lachen die Kinder. »Wir sprechen über Weihnachten, nicht von Fasching. In wenigen Tagen feiern wir Heilig Abend. Die Kostüme für Karneval bleiben jetzt noch in der Kiste«. »An Weihnachten verkleiden wir uns noch nicht!«, erklärt die Erzieherin freundlich, die durch das Gelächter am Maltisch aufmerksam wird.*

Traurig faltet Mascha ihr Bild zusammen und steckt es in ihre Tasche. Erst im letzten Monat ist sie mit ihren Eltern aus Russland gekommen. Die deutsche Sprache hat sie noch nicht gelernt, aber sie verstand, dass die Kinder über das Fest sprachen, das in den nächsten Tagen gefeiert wird. Auch sie hat mit ihren Eltern schon Vorbereitungen getroffen. Nun ist sie sehr traurig, weil die Kinder über ihr Bild gelacht haben. Auch die Erzieherin verstand nicht, was sie mit ihrem Bild erzählen will.
Zu Hause zeigt Mascha das Bild ihrer Mutter und erzählt vom Gelächter im Kindergarten. Am nächsten Morgen begleiten die Eltern Mascha in ihre Gruppe. Sie erklären der Erzieherin, dass in Russland erst seit wenigen Jahren Weihnachten gefeiert wird. Bisher waren religiöse Feste verboten. Aber in der Silvesternacht kommt Väterchen Frost und beschenkt die Kinder. Dieses Fest ist den Kindern in Russland sehr wichtig. Sie verkleiden sich und haben viel Spaß an diesem Abend.
Später, als die ganze Kindergruppe im Stuhlkreis versammelt ist, berichtet die Erzieherin von Maschas Eltern und zeigt das Photoalbum, in dem Mascha mit ihrer Familie zu sehen ist. Auf den Photos sehen die Kinder, wie Mascha ein Geschenk von Väterchen Frost erhält. Die anderen Photos zeigen verkleidete Kinder, die in der Silvesternacht wild umher tanzen. Auf einmal sind die Kinder sehr neugierig und wollen noch mehr über Russland erfahren. So beschließen sie, Maschas Eltern in den Kindergarten einzuladen.

Russische Weihnacht

Religiöse Feste waren in Russland lange Zeit verboten. Langsam finden sie unter der Bevölkerung wieder mehr Beachtung. Doch es herrscht große Unsicherheit, da viele Traditionen und Riten verloren gegangen sind. Zwischen Kirche und Staat gibt es auch Unstimmigkeiten bezüglich des Weihnachtsfeiertages. Je nach Gültigkeit des Kalenders feiern die Familien das Weihnachtsfest am 6. oder 7. Januar. An diesem Tag wird großartig gegessen.
Geschenke bekommen die Kinder in der Silvesternacht. Zum Jolka-Fest, am letzten Tag des Jahres, treffen sich Freunde und Verwandte zum Festessen. Die Neujahrstanne erstrahlt im Lichterglanz. Mit großer Spannung erwarten die Mädchen und Buben Väterchen Frost, der sie in dieser Nacht bescheren soll. Dieses Fest wird sehr ausgelassen gefeiert. Die Kinder verkleiden sich mit selbsthergestellten Kostümen und sind sehr fröhlich.

Weihnachtszeit –
Zeit zum Backen, Basteln, Spielen

Orangenschnitzerei

Vorbereitung
★ Orangen, Zitronen oder Limetten
★ wasserfester,
  aber ungiftiger Stift
★ Linolschneider

Anleitung

Mit Hilfe des Stiftes zeichnen die Kinder Muster auf die Zitrusfrüchte. Diese Muster werden mit einem halbrunden Linolschneider vorsichtig eingeritzt, so dass die weiße Schutzschicht der Früchte nicht verletzt wird. Beim Ausschneiden müssen die Früchte immer so gehalten werden, dass man sich beim Ausrutschen nicht schneiden kann. Das Ausschneiden der Muster sollte stets ein Erwachsener erledigen oder ältere Geschwisterkinder, die schon sicher und geübt mit Linolschneidern umgehen können.

Schon beim Werken verbreitet sich ein weihnachtlicher Duft, der durch eingespickte Nelken noch intensiviert wird. Lässt man die verzierten Früchte nicht zu lange liegen, kann man sie natürlich noch aufessen oder zu Saft verarbeiten.

Eisige Bratäpfel

Zutaten für 4 Personen

★ 4 große Äpfel
★ 50 g Honig
★ 50 g gemahlene Nüsse
★ 3 Teelöffel Zimt
★ etwas Wasser

Hilfsmittel

★ Küchenmesser
★ Apfelausstecher
★ Eislöffel
★ Backpapier

Mit dem Küchenmesser schneidet man den gewaschenen Äpfeln das ›Hütchen‹ ab. Die Kerngehäuse entfernen die Kinder mit dem Apfelausstecher. Honig, Nüsse und Zimt werden mit etwas Wasser zu einem Brei verrührt, der dann in die ausgehöhlten Äpfel eingefüllt wird. Die Hütchen werden als Deckel wieder auf die Äpfel gelegt, anschließend setzt man alle Früchte auf ein mit Backpapier ausgelegtes Backblech.
Backzeit: ca. 30 Minuten; **Temperatur:** 200 °C
Vor dem Servieren werden die Deckel nochmals abgenommen und die Äpfel mit einer Kugel Vanilleeis gekrönt. Mit den Deckelchen kommen nun die Bratäpfel auf den Tisch.

Übermütige Gesellen

Sie tanzen und wackeln
und zuckeln und zackeln

und hopsen und wandern
und stoßen die andern
und brutzeln und zischen –
und braten inzwischen.

Sie pfeifen und summen
und pfauchen und brummen
und schnalzen und platzen
und duften und schmatzen
und schaukeln und rollen –
wohin sie wohl wollen?

In die Stadt? In den Keller?
Aber nein! – Auf den Teller
zu Zucker und Zimt,
weil sie Bratäpfel sind.
Walter Mahringer

Geschenkpapier

Material
★ Rolle Packpapier,
   zugeschnitten in
   gewünschte Formate
★ Schwammtücher
★ Stifte
★ Schere
★ Pappe
★ Leim
★ Fingerfarben
★ Pinsel

Die Kinder können sich ihre Druckschablonen aus Schwammtüchern
sehr leicht selbst herstellen. Mit einem Kugelschreiber oder Filzstift
zeichnen sie die gewünschte Form auf und schneiden sie anschließend
aus. Zur Stabilisierung werden die Druckschablonen auf Pappe aufgeklebt. Nun werden die Schablonen in der gewünschten Farbe mit einem
Pinsel bestrichen und die Packpapierbogen beliebig bedruckt. Für jede
Farbe empfiehlt sich eine eigene Schablone. Mit dem selbsthergestell-

ten Geschenkpapier können die Kinder ihre Weihnachtsgeschenke verpacken oder das schöne Papier selbst zum Geschenk machen.

Weihnachtstischdecke

Material
* Leinentuch (appreturfrei)
* Druckschablonen aus Schwammtüchern
* Stoffmalfarben
* Pinsel
* Bügeleisen
* Zeitungspapier
* Malerkittel (Stoffmalfarben sind nicht auswaschbar!!)

Aus den Kinderschablonen für das Geschenkpapier kann die Gruppe gemeinsam eine festliche Tischdecke für die Weihnachtsfeier im Kindergarten herstellen. Damit die Formen nicht vom Geschirr verdeckt werden, bedrucken die Kinder nur eine Borde am Rand. Auf diese Weise kommen alle Schablonen zur Geltung, wenn die Tischdecke im Gebrauch ist. Selbstverständlich kann diese Gemeinschaftsarbeit auch ein Thema haben: Sternenhimmel, Wichtelwald, Tierweihnacht ... Stoffmalfarben gebraucht man wie Fingerfarben, d.h. die Schablonen werden mit einem farbigen Pinsel bestrichen und anschließend gleichmäßig auf den Stoff gedrückt. Nach dem Trocknen muss die Tischdecke von der linken Seite gebügelt werden, damit die Farben beim Waschen nicht ausbleichen. Während der gesamten Arbeit sollte Zeitungspapier unterlegt werden, da beim Drucken und beim Bügeln die Farbe durch den Stoff dringen kann.
Tischsets, Einkaufstaschen und Turnbeutel können auf die gleiche Weise bedruckt werden.

Reise nach Betlehem

Die Reise nach Jerusalem ist fast allen Kindern und Erwachsenen bekannt. Die Kinder freuen sich aber sicherlich sehr, wenn sie es in der Weihnachtszeit zu Hause als ›Reise nach Betlehem‹ mit Eltern, Geschwistern, Großeltern und anderen spielen können: Aus Stühlen (einer weniger als Mitspieler) wird eine Doppelreihe gestellt, bei der die Lehnen gegeneinander stehen und die Sitzflächen nach außen zeigen.

Alle Mitspieler bewegen sich zur Musik um die Stuhlreihe. Abwechselung kommt ins Spiel, wenn sich die Teilnehmer auf einem Bein hüpfend, auf allen Vieren oder rückwärts fortbewegen. Jeder versucht einen Stuhl zu erwischen, sobald die Musik abbricht. Üblicherweise scheidet derjenige, der keinen Platz bekommen hat, aus und ein weiterer Stuhl wird weggestellt. Sieger ist, wer am Ende auf dem letzten Stuhl sitzt. Häufig können Kindergartenkinder das Verlieren und Ausscheiden nicht gut ertragen. Daher empfiehlt es sich, das derjenige der keinen Stuhl erwischt hat, in der nächsten Runde bestimmen darf, wie sich die anderen um die Stühle bewegen müssen.

Wunschpost

Dieses Spiel ist als ›Stille Post‹ bekannt: Alle Mitspieler sitzen im Stuhlkreis. Einer überlegt sich einen Weihnachtswunsch und flüstert ihn in das Ohr seines rechten Nachbarn. Dieser gibt das verstandene Wort auf die gleiche Weise an seinen rechten Nachbarn weiter. Der Wunsch wandert so durch die ganze Gruppe. Das linke Nachbarskind des Absenders darf den Wunsch laut äußern. Handelt es sich um den gleichen Weihnachtswunsch oder wurde er im Verlauf des Spiels abgeändert?

Der Krabbelsack fällt um

Die im Stuhlkreis sitzende Spielergruppe wird in drei oder vier Untergruppen eingeteilt. Es gibt die Mandarinen- die Nüsse-, die Lebkuchen- und die Schokoladengruppe. Nun wird ein Stuhl entfernt und eine Mandarine tritt in die Mitte des Kreises. Sie sagt: »Der Krabbelsack fällt um. Es purzeln heraus alle … Nüsse!« Daraufhin wechseln alle ›Nüsse‹ ihre Plätze. Das Kind in der Mitte versucht dabei einen freien Stuhl zu ergattern. Wieder bleibt ein Kind übrig, das jetzt bestimmen darf, was aus dem Sack purzelt. Bei dem Ruf: »Der Krabbelsack fällt um. Es purzelt alles heraus!«, suchen sich alle ›Zutaten‹ einen neuen Platz.

Der Nussknacker (Klanggeschichte)

Es ist Nacht. Die Turmuhr der Kirche schlägt   **Gong, Becken**
zwölfmal. Auf dem Marktplatz herrscht Stille.
Der Schnee fällt sanft zu Boden und pudert   **Cymbeln**
die Stände des Weihnachtsmarktes. Schon
seit ein paar Stunden sind alle Buden fest   **Xylophon**
verschlossen und die Lichter am Weihnachts-
baum wurden gelöscht.
Plötzlich hörte man aus einem Stand ein leises   **Xylophon**
Klopfen, das allmählich lauter wird. Auf einmal
löst sich ein Brett an der Hinterseite der Bude
und es erscheint eine rote Nase. Durch den
Ritz drängt sich ein hölzener Nussknacker mit
einem roten Frack, einer blauen Hose und einer
schwarzen Mütze. Heute Nacht hatte er allen
Mut, den ein Nussknacker nur aufbieten kann,
zusammengenommen und ist vom Ladentisch auf
den Budenboden gehüpft, um sich einen Weg ins
Freie zu suchen. Er hatte es satt, immer nur die
anderen Nussknacker anzusehen. Jeden Tag
kommen viele Kinder mit leuchtenden Augen
vorbei und erzählen von farbigen Murmeln,   **Triangel**
duftenden Kerzen und spielenden Uhren,   **Schlagstäbe, Spieluhr**
da ist er ganz neugierig geworden. Endlich will
er auch einmal die anderen Buden auf dem
Weihnachtsmarkt besuchen. Entschlossen
macht er sich auf den Weg durch den Schnee.   **Cymbeln**
Hinter dem nächsten Stand hört er ein feines
Läuten. Er schaut durch einen Schlitz in der Tür   **Glocken, Schellen**
und sieht viele kleine und große Glaskugeln
an Ästen von der Decke hängen. Diese
Weihnachtskugeln sind mit schönen Mustern
und Motiven verziert und werden am
Weihnachtsabend die Christbäume in den
Häusern schmücken. Der Nussknacker sagt
zu den Kugeln: »Kommt mit, wir wollen   **Xylophon**
gemeinsam über den ganzen Markt gehen und
uns alle Buden ansehen!« Da schwebt die kleinste   **Xylophon, Schellen**

Glaskugel ganz sachte auf den Boden und rollt
durch den Schnee hinter dem Nussknacker her. **Cymbeln**
Hinter der nächsten Bude hören sie ein feines **Rasseln**
Rasseln. Als sie durch ein Astloch in der
Bretterwand blicken, sind sie sehr überrascht,
denn überall hängen bunte Seidentücher, bemalt
mit Mustern und Bildern. Der Nussknacker und **Xylophon und Schellen**
die Glaskugel laden die Seidentücher zu einem
Rundgang über den Weihnachtsmarkt ein.
Ein Tuch in Regenbogenfarben gleitet elegant zu **Rassel**
Boden und schwebt hinter dem Nussknacker und **Xylophon, Schellen, Rassel**
der Glaskugel durch den Schnee. **Cymbeln**
Nach ein paar Schritten kommen die drei
Abenteurer zu einem riesengroßen Tannenbaum. **Trommel**
Er ist fast so hoch wie das Dach des Rathauses
und mit sehr vielen elektrischen Kerzen geschmückt.
Doch leider leuchtet nicht eine einzige von ihnen
und das macht den Nussknacker traurig. Jetzt hat **Xylophon**
er schon viele Freunde in dieser Nacht gefunden,
nun möchte er auch noch den großen Tannenbaum
mit leuchtenden Kerzen sehen. Erst dann will er
wieder in seine Bude zu den anderen
Nussknackern zurückkehren. Der große **Trommel**
Tannenbaum sieht die kleine Träne, die über die
Wange des Nussknackers kullert und flüstert ihm
ins Ohr: »Wenn du vorsichtig unter die dicken Zweige
schlüpfst, findest du einen Stecker. Stecke ihn in die
Steckdose und komme schnell wieder hervor.«
Der Nussknacker probiert es und siehe da – **Xylophon, Glockenspiel**
ein Lichtlein nach dem anderen beginnt zu
leuchten bis der ganze Baum in vollem Glanz
strahlt. Nicht nur der Nussknacker, auch die **Xylophon**
Glaskugel und das Regenbogentuch staunen. **Schellen, Rassel**
Vom Glanz und der Helligkeit angelockt,
kommen nun auch die Waren der anderen
Verkaufsstände herbeigeeilt. So tanzen die **Triangel, Schlagstäbe,**
Murmeln, die Kerzen und die Spieluhren mit **Spieluhr, Xylophon,**
dem Nussknacker, der Glaskugel und **Schellen, Rassel**
dem Regenbogentuch auf dem Schnee. **Cymbeln**

135

Als die Turmuhr eins schlägt, kehren alle   **Gong**
glücklich wieder in ihre Stände zurück und
berichten dort von ihren Erlebnissen.
Dann kehrt wieder Ruhe ein auf dem
Weihnachtsmarkt und während alle schlafen,
schneit es ununterbrochen auf die Buden und   **Cymbeln**
Wege. Am nächsten Morgen sind von dem
nächtlichen Ausflug keine Spuren mehr im
Schnee zu sehen. Nur der Elektriker, dessen
Aufgabe es ist, die Lichter des Tannenbaumes
anzuzünden, wundert sich, dass alle Kerzen   **Glockenspiel**
am Morgen schon leuchten. Dabei ist er sich
ganz sicher, dass er am Abend den Stecker aus
der Steckdose gezogen hat ...

Nach dem ersten Erzählen der Geschichte werden die Instrumente
eingeführt. Bei diesem Vorgang sollten die Kinder miteinbezogen
werden, da sie meist schon ein feines Gespür dafür entwickeln, wie
die passende Zuordnung musikalischer Klänge zu ›Alltagsgeräuschen‹
aussehen könnte. Anschließend sollten die Kinder ausreichend Zeit
haben, die Instrumente kennenzulernen, um in ihrer Spielweise an
Sicherheit zu gewinnen.
Körpereigene und selbsthergestellte Instrumente bereichern die
Geschichte zusätzlich.

Silvester und Neujahr

Aufgrund der Winterferien wird in den wenigsten Kindergärten Silvester und Neujahr gefeiert. Viele Kinder verschlafen die Feierlichkeiten um Mitternacht. Dennoch erleben sie die Vorbereitungen für diese Nacht und die Glückwünsche am nächsten Tag.

Nach altem Brauch werden am Silvesterabend Nachbarn und Freunde zum gemeinsamen Essen eingeladen. Man glaubte früher, sich gemeinsam vor bösen Dämonen schützen zu müssen, die zum Jahreswechsel die Menschen bedrohen. Lautstarkes Vertreiben der Geister mit Feuerwerk und Lärm galten als wirksamer Schutz. Bis heute haben sich diese Traditionen des gemeinsamen Feierns und des Feuerwerks erhalten, nicht mehr um böse Geister zu vertreiben, vielmehr geht es um das Begrüßen des neuen Jahres.

Am 31. Dezember kündigen meist schon ab Mittag die ersten Vorboten das große Spektakel an. Knallfrösche werden gezündet und Silvesterkrachen künden vom bevorstehenden Jahreswechsel. Am 1. Januar wird in vielen Familien die große Neujahrsbrezel verspeist. In einigen Gegenden gehört zum Gutjahressen ein Hefekranz, der mit Fruchtbarkeits- und Glückssymbolen verziert wird. Auch Waffeln in Herzform oder Krapfen sind in unserem Land als Silvestergebäck bekannt. Erst seit Ende des 17. Jahrhunderts wird der erste Januar allgemein als Jahresanfang bezeichnet.

Das fröhliche und ausgelassene Feiern in der Silvesternacht hinterlässt bei den Kindern Spuren, die in den Familien und im Kindergarten aufgearbeitet werden können. Der Rückblick auf das alte Jahr und das Vorausschauen auf das neue Jahr kann mit den Kindern gestaltet werden. Die Kinder können ihre Erlebnisse nochmals lebendig schildern und ihre Wünsche für das neue Jahr nennen.

Der letzte Tag im Jahr hat seinen Namen nach Bischof Silvester, der, seit 314 in Rom amtierend, Zeuge der sog. Konstantinischen Wende wurde. Unter Kaiser Konstantin wurde das Christentum nach harter Verfolgung als Staatsreligion anerkannt. Silvester starb am 31. Dezember 335.

Silvesterfeier

Der Schwerpunkt der Silvesterfeier liegt in der Familie, weil mit Kindern die Silvesternacht selten außer Haus verbracht wird. Nach einem gemeinsamen Festessen trifft sich die Familie, um zu spielen, zu singen oder Rückblick über das alte Jahr zu halten. Um die Wartezeit auf das neue Jahr zu verkürzen bieten sich Gesellschaftspiele an, die für alle Teilnehmer interessant sind. Auch Sing- und Bewegungsspiele sind gerade bei jüngeren Kindern sehr beliebt und bringen Abwechselung. Mit Hilfe eines Fotoalbums, einiger Urlaubsdias oder verschiedener Ansichtskarten können die Familienmitglieder Jahresrückblick halten.

Jede Menge Spielideen

Hexenbesen
(Kann nur auf Fliesen-, Linoleum- oder Holzböden gespielt werden)
Die Mitspieler teilen sich in zwei gleichgroße Gruppen und stellen sich in zwei Reihen auf. Jede Gruppe wird mit einem großen Strohbesen versehen. Ein Spieler nimmt auf dem Besen Platz, der andere ergreift den Besenstiel und zieht die ›Hexe‹ schnell hinter sich her. Auf ein Signal starten die ersten beiden Paare, die nach einer Wendemarke zum Start zurückkehren, um die Besen den nächsten Paaren zu übergeben. Die schnellste Gruppe gewinnt das Rennen.
Variationen: Alle Kinder ziehen gemeinsam einen Erwachsenen auf dem Besen. Erwachsene treten gegen eine Kindergruppe an.

Irrlichter
(wird nachts im Freien gespielt)
Alle Mitspieler teilen sich in zwei Gruppen auf. Die erste Gruppe wird mit Taschenlampen ausgerüstet und versteckt sich innerhalb des zuvor festgelegten Radius in der Umgebung. Die zweite Gruppe hat die Aufgabe die erste zu finden. Dazu werden von der ersten hin

und wieder Signale von den Taschenlampen gesendet. Das Spiel ist beendet, wenn alle Mitspieler wieder vereint sind.

Geistermalen

Frühere Generationen fühlten sich besonders in der Silvesternacht von bösen Mächten bedroht. Kindern bereitet es große Freude gegen solche ›Gespenster‹ vorzugehen. Dies kann in Form von Raumschmuck geschehen, durch den die Gespenster selbst Angst bekommen. Mit Fingerfarben können die Kinder zu diesem Zweck große wilde Ungeheuer, Hexen oder Teufelchen an die Fensterscheiben malen.

Masken

In Einkaufstüten aus Papier werden Löcher für Augen und Mund geschnitten. Mit Fingerfarben, bunten Papierstreifen und Wollresten werden wilde Fratzen gestaltet. Nach dem Trocknen werden die Masken über den Kopf gestülpt. Um Mitternacht ›erschrecken‹ die Kinder die Nachbarn auf der Straße.

Krachmacher

Zum ›Geistervertreiben‹ eignen sich auch die folgenden Hilfsmittel ausgezeichnet:

★ Leere Kaffeedosen werden mit Steinen oder Knöpfen gefüllt und in der Silvesternacht kräftig geschüttelt.

★ Kronkorken, in deren Mitte mit einem Nagel ein Loch eingeschlagen wird, werden auf ein Stück Draht gereiht. Die beiden Enden des Drahts wickeln die Kinder um ein Vierkantholz. Schüttelt man es, werden sich alle Geister sofort vor Schreck verflüchtigen.

★ An einer Schnur werden leere Konservendosen befestigt. Um Mitternacht bekommt jedes Kind eine ›Dosenschnur‹ an den Fuß gebunden. Bei jedem Schritt ertönt nun der geistervertreibende Krach.

Zum Jahresende

Die Erde, ein besonderer Ball,
bewegt sich wie im Tanze
und ewig kreiselnd durch das All
mit Mensch und Tier und Pflanze.
Sie braucht, so lernen wir's, ein Jahr,
die Sonne zu umkreisen.
So sind wir Menschen immerdar,
sogar im Schlaf auf Reisen.
Schwestern und Brüder, labt euch heut
an Wein und guten Gaben,
da wir den Sonnenball erneut
einmal umkreiselt haben!
Es freue sich, was lebt und liebt,
solang die Winde wehen,
solang es Mond und Sonne gibt,
solang sich Sterne drehen.
Wir reisen weiter durch das All,
solang die Welt sich dreht,
solang der gelbe Sonnenball
noch fest am Himmel steht.

James Krüss

Nachtgeheimnis

Text und Musik: Susanne Brandt-Köhn

1. In der Nacht, ganz still und lei-se, geht ein Stern auf gro-ße Rei-se. Al-les schläft, nur ich bin wach, schau dem Stern noch lan-ge nach.

2. Eine leuchtende Laterne –
so strahlt er aus weiter Ferne.
Alles schläft ...

3. Ach, da fällt der Stern zur Erde!
Ob ich ihn wohl finden werde?
Alles schläft ...

4. Dort am Fenster will ich warten,
vielleicht fällt er in den Garten!
Alles schläft ...

5. O wie schön, er schwimmt ja friedlich
auf dem Fischteich ganz gemütlich.
Alles schläft ...

6. Ich alleine weiß am Morgen,
wo der goldne Schatz verborgen.
*Alles schläft in guter Ruh
und mir falln die Augen zu.*

Neujahrstag

In vielen Familien ist es üblich, weiteren Familienmitgliedern und Freunden ein gutes neues Jahr zu wünschen. Kurze Besuche oder Telefonate werden an diesem Tag vorgenommen. Die Kinder können zu dieser Gelegenheit kleine Glücksbringer mit gereimten Friedensbotschaften übermitteln. Außerdem kann man Neujahrsleckereien verschenken, die ebenfalls Glück- und Segenswünsche für das neue Jahr zum Ausdruck bringen.

Neujahrsspruch für einen kleinen Glücksboten

Ist das alte Jahr vergangen,
will ein neues Jahr anfangen,
treten Sprücheklopfer an,
sagen Nettes dann und wann;
jeder sagt's so gut er kann.
Auch ich bin heut hergekommen,
und ich hab mir vorgenommen
was Gereimtes vorzutragen.
In zwei Sätzen will ich sagen:
Freunde, das alte Jahr geht futsch,
und darum wünsche ich: Guten Rutsch!
Bruno Horst Bull

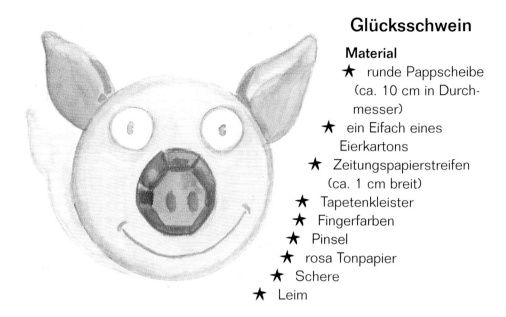

Glücksschwein

Material

★ runde Pappscheibe
   (ca. 10 cm in Durch-
   messer)
★ ein Eifach eines
   Eierkartons
★ Zeitungspapierstreifen
   (ca. 1 cm breit)
★ Tapetenkleister
★ Fingerfarben
★ Pinsel
★ rosa Tonpapier
★ Schere
★ Leim

An die untere Hälfte der Pappscheibe wird mit Leim das Eifach, die Schweinsnase, geklebt. Mit Hilfe der eingekleisterten Papierstreifen kaschieren die Kinder die ›Nase‹ an die Pappscheibe. Nach dem Trocknen bemalen die Kinder das Schweinsgesicht mit rosa Fingerfarbe. Die Nasenlöcher und Augen werden in einer anderen Farbe aufgemalt. Aus Tonpapier werden Ohren ausgeschnitten und mit Leim am Kopf angebracht. Auf die Rückseite des Schweinskopfes kann man eine liebe Neujahrsbotschaft schreiben.

Schornsteinfeger

Material

★ schwarzes und weißes Tonpapier
★ Nadel und Faden
★ Schere
★ Leim
★ kleines flaches Gewicht
   (z.B. Unterlegscheibe aus Metall oder Glückspfennig)

Die Kinder schneiden aus dem Tonpapier Hose (2 mal), Jacke, Kopf und Hut des Schornsteinfegers aus, die noch mit Accessoires ausgestaltet werden. Zwischen die beiden Hosenteile wird auf Po-Höhe das Gewicht geklebt, damit die Figur ein besseres Drehmoment erhält. Beide Hosen-

teile werden deckungsgleich aufeinander geklebt. Die einzelnen Teile werden nun durch einen Faden, der jeweils durch die Mitte gezogen wird, zusammengesetzt. Der Faden sollte so lange sein, dass sich die verschiedenen Körperteile beim Drehen nicht behindern.

Drehfiguren müssen frei hängen. Am besten eignet sich ein Platz über der Heizung oder in der Nähe einer Tür.

Neujahrsbrezel

Zutaten
★ 500 g Mehl
★ 1 Würfel Hefe
★ 100 g Butter
★ ca. 250 ml lauwarme Milch
★ Prise Salz, Hagelzucker
★ 20–30 g Zucker
★ 1 Eigelb, wenig Milch

Die Hefe wird in 250 ml lauwarmer Milch aufgelöst, anschließend wird das Mehl, die Butter, das Salz und der Zucker zu einem Teig vermengt. Nachdem er an einem warmen Ort aufgegangen ist, wird ein kleiner Teil des Teigs ausgerollt, aus dem größeren Teil werden Brezeln in gewünschter Größe geformt. Aus dem ausgerollten Hefeteig können die Kinder Glücks- oder Friedenssymbole ausstechen und damit den oberen Bogen der Brezel verzieren. Auf dem eingefetteten Backblech müssen die Brezeln nochmal ca. 30 min aufgehen. In dieser Zeit kann man Eigelb und einen Schuss Milch verrühren. Mit dieser Mischung bestreichen die Kinder vor dem Backen die Brezeln und bestreuen sie mit Hagelzucker.

Backzeit: 20–30 Minuten, **Temperatur:** 160 °C

Schweinsöhrchen

Zutaten
★ 300 g tiefgefrorener Blätterteig
★ ca. 100 g Zucker

Die aufgetauten Blätterteigscheiben werden mit Zucker bestreut und wieder aufeinandergelegt. Die Arbeitsfläche wird ebenfalls mit Zucker bestreut und alle Scheiben gemeinsam zu einer Platte von ca. 20 x 30 cm ausgerollt. Von beiden Längsseiten wird die Platte bis zur Mitte eingeschlagen und wiederum mit Zucker bestreut. Nachdem die Teigplatte nochmals zusammengeklappt wurde, schneiden die Kinder etwa 1 cm breite Streifen ab und legen sie auf ein mit Backpapier ausgelegtes Backblech. Beim Backen gehen die Schweinsöhrchen auf, daher muss genügend Platz zwischen den Öhrchen sein.

Backzeit: ca. 10–12 Minuten, **Temperatur:** ca. 220 °C (Anweisung auf der Packung beachten)

Dreikönig

Am 6. Januar ziehen Kinder als die ›Heiligen Drei Könige‹ verkleidet von Haus zu Haus der Kirchengemeinden. Nach altem Brauch sammeln sie Geld für wohltätige Zwecke. Die verkleideten Könige schreiben mit geweihter Kreide ›Christus segne dieses Haus‹ (Christus Mansionem Benedicat) und die entsprechende Jahreszahl an die Häuserfassaden oder Türen:

$$19 \ C + M + B \ 99$$

Die Namen der Könige Caspar, Melchior und Bathasar haben also nichts mit den Buchstaben zu tun, die die Sternsinger in vielen Regionen über die Haustüren schreiben. Für Kinder ist das Nachspielen der drei Könige sehr beeindruckend. Durch den Segensspruch über der Haustür werden sie noch lange an den Auftritt der Weisen aus dem Morgenland erinnert. Sie knüpfen damit an eine biblische Erzählung an. Die Bibel berichtet von Weisen aus dem Morgenland, die im Erscheinen eines hellen Sterns die Geburt eines neuen Königs deuteten. Ob zur Zeit der Geburt Christi tatsächlich ein Komet am Himmel erschien oder ob der helle Stern sinnbildlich zu verstehen ist, bleibt ungeklärt. Heute verstehen viele Gläubige die Weisen aus dem Morgenland als Symbolfiguren für die verschiedenen menschlichen Rassen, die alle gleichermaßen in ihrem Glauben an Jesus verbunden sind. So ist die Figur des ›Mohren‹ erst seit dem 14. Jahrhundert bekannt.

Die Weisen aus dem Morgenland bringen dem Kind in der Krippe drei Geschenke dar, die in ihren Symbolen die wichtigsten Eigenschaften Jesu anzeigen: Er ist Mensch, Gott und König. **Gold** ist als Zeichen des Reichtums und der Königswürde zu verstehen, **Weihrauch** ist das Sinnbild der Gottesverehrung und **Myrrhe** (ein geweihtes Duftöl, das zur Salbung z. B. bei Taufe und Firmung verwendet wird) weist auf den sterblichen Menschen Jesu hin. So wie die Könige das Jesuskind bescheren, bringen sie nach spanischem Brauch den Kindern erst am 6. Januar ihre Geschenke.

Die Weisen aus dem Morgenland

Im Osten, wo am Morgen die Sonne aufgeht, liegt das Morgenland. In diesem Land gab es Männer, die jede Nacht nach den Sternen sahen. Sie versuchten aus den Sternen zu lesen, um sie zu deuten. Sehr klug und weise waren diese Männer.

Eines Nachts erschien ein neuer Stern am Himmel, der viel heller war als all die anderen. »Solch ein leuchtender Stern ist ein Königsstern! Sicher ist ein neuer König geboren. Lasst uns dem Stern folgen, dann werden wir den neuen König finden!«, riefen die Sterndeuter einander zu. Lange Zeit folgten sie dem hellen Licht am Himmel. Es führte sie in die Stadt Jerusalem, in der Herodes König war. Nachdem die Weisen Herodes nach dem neuen König gefragt hatten, wurde dieser sehr zornig und rief: »Wir brauchen keinen neuen Herrscher. Ich bin hier der König! Aber geht nur weiter und sucht nach ihm. Wenn ihr den neuen König gefunden habt, kehrt zu mir zurück und beschreibt den Weg, damit auch ich ihn besuchen kann.«

Nach diesen Worten machten sich die Weisen auf den Weg. Der Stern zog vor ihnen her und blieb in Betlehem über dem Stall, in dem Maria, Josef und das Kind lebten, stehen. Plötzlich wurden die Sterndeuter sehr fröhlich, denn sie wussten, dass sie nun am Ziel ihrer weiten Reise angelangt waren. Sie gingen in den Stall und fanden das kleine Kind in der Krippe. Als sie es sahen, fielen sie vor ihm nieder und beteten Jesus an: »Du bist der König der Welt! Frieden bringst du zu uns!« sagten sie. Dann holten sie ihre Schätze hervor, die sie dem Jesuskind mitgebracht hatten. Gold, Weihrauch und Myrrhe schenkten sie ihm.

Als die Weisen ihre Heimreise antreten wollten, erhielten sie im Traum einen Befehl Gottes: Sie sollten nicht über Jerusalem zurückzukehren. Auf keinen Fall dürften sie Herodes erzählen, wo sich das Jesuskind befindet. Die Weisen gehorchten Gott und zogen auf einem anderen Weg nach Hause, ins Morgenland zurück.
(nach Matthäus 2, 1–12)

Dreikönigslied

Text und Musik: Henriette Syndikus

A *Vorspiel zum Schreiten der Könige: A + B*

1. Wir zie-hen als Kö-ni-ge durch das Land, sind
Bal-tha-sar, Kas-par und Mel-chior ge-nannt. Macht
auf eu-re Tür und lasst uns her-ein! Wir
sin-gen vom gött-li-chen Kin-de-lein.

Das Lied auf 1 + 4 mit leerer A- und D-Saite begleiten.

2. *Wir ziehen als Könige durch das Land,*
   sind Balthasar, Kaspar und Melchior genannt.
   Wir wollen euch künden, dass Jesus Christ
   in Betlehems Stalle geboren ist.

3. *Wir ziehen als Könige durch das Land,*
   sind Balthasar, Kaspar und Melchior genannt.
   Ein jeder von uns dem Kindelein hold
   Liebe und tiefe Verehrung zollt.

4. *Wir ziehen als Könige durch das Land,*
   sind Balthasar, Kaspar und Melchior genannt.
   Gold, Weihrauch und Myrrhe schenken wir heut,
   dem göttlichen Kindelein macht das Freud!

5. *Wir ziehen als Könige durch das Land,*
   sind Balthasar, Kaspar und Melchior genannt.
   Tut auf euer Herz der göttlichen Gnad'
   und schenket uns jetzt eine gute Gab'!

6. *Wir ziehen als Könige durch das Land,*
   sind Balthasar, Kaspar und Melchior genannt.
   Wir wollen mit euch das Kind benedein.
   Durch Jesus möge Friede sein!

Wir gehen zur Krippe

Das folgende Rollenspiel kann für die Kindergartenkinder von ältern Kindern oder Erwachsenen gespielt werden.

(Kaspar, Melchior und Balthasar sind auf dem Weg zur Krippe. Sie folgen einem Stern. Sie treten von rechts auf.)

Kaspar: Ach, wie sind wir voll Verlangen

Melchior: weit gegangen,

Balthasar: weit gegangen,

Kaspar: über Berge

Melchior: tief im Tal

Balthasar: durch die Wüste öd und kahl,

Kaspar: Tag und Nacht auf schlechten Straßen.

Melchior: Unsere Füße sind voll Blasen.

Balthasar: Ach, wie war das Herz oft schwer,

alle drei: doch der Stern ging vor uns her.

Kaspar: Schrecklich knurrte oft der Magen,

Melchior: Räuber wollten uns erschlagen.

Balthasar: Löwen brüllten gar nicht fern,

alle drei: doch wir folgten unserm Stern,

Kaspar: der uns treu geleitet hat,
bis in diese schöne Stadt.

Melchior: In die Stadt Jerusalem,
wo die vielen Häuser stehn.

Balthasar: Doch wen können wir hier fragen,
und wer wird das Kind uns sagen?

Kaspar: *(zeigt nach links):*
Welch Palast, welch goldne Tür!
Ein Herr König wohnet hier!

Melchior: Dieser hohe edle Mann
wird uns helfen wie er kann.

Balthasar: Schenken wird er uns zum Dank
für die Nachricht Speis und Trank.

alle drei: Herr Herodes, komm heraus,
tritt aus deinem Marmorhaus!

Herodes: Ich, Herodes, komm heraus,
tret aus meinem Marmorhaus,
halt das Zepter in der Hand,

	König bin ich hier im Land.
	Bin gefürchtet, bin gehasst,
	tue alles was mir passt.
alle drei:	So heißt unsre kleine Schar:
	Kaspar, Melchior, Balthasar.
	Den Herrn der Welten suchen wir,
	geboren ist der Heiland hier,
	der König, der den Frieden schenkt.
	Ein Stern hat uns den Weg gelenkt.

(Herodes spricht zu sich selbst, von den Königen abgewandt)

Herodes:	Was? Die Botschaft freut mich wenig.
	Ich bin König! Ich bin König!
	Keiner soll mir das verwehren!

(Herodes spricht den drei Königen zugewandt)

Herodes:	Gern will ich den Heiland ehren.
	Dank, ihr Herren! Nun geht geschwind,
	suchet weiter nach dem Kind!
	Wenn ihr's findet, sagt mir's gleich.
(zu sich)	Dann schlag ich's tot auf einen Streich!

(Herodes geht weg)

Kaspar:	Finster waren seine Züge,
	voller Bosheit und voll Lüge.
Melchior:	Nein, wenn wir das Kindlein finden,
	dürfen wir's ihm nicht verkünden!
Balthasar:	Fliehen wir den bösen Ort!
alle drei:	Traurig ziehn wir weiter fort.

Langsam ziehen die drei Könige weiter.
Von rechts treten Hirten auf.

Kaspar:	Wer mögen diese Leute sein?
	Eilig ziehn sie querfeldein.
Hirten:	Hirten sind wir, arme Leute,
	viel geplagt und ohne Freude.
	Karg ist unser täglich Brot.
	Unser Schatz heißt Müh und Not.
Melchior:	Arm seid ihr und unbekannt,
	alt und schlecht ist das Gewand.
	Und doch liegt es wie ein Licht
	hell auf eurem Angesicht.
Hirten:	Hell ist unser Angesicht,

angezündet ist ein Licht,
das in unsern Herzen brennt.
Endlich hat die Nacht ein End'.

Balthasar: Was ist großes euch geschehn?
Hirten: Wir eilen Gottes Sohn zu sehn,
In dieser Nacht, hört, was geschah,
stand jäh ein Engel vor uns da,
ein Engel, groß und ernst und schön.
Der sagte: Geht nach Betlehem!
Gott ist als Kind herabgestiegen -
in der Krippe seht ihr's liegen!
alle drei: Durch Sonnenglut, durch Sturm und Regen
gingen wir dem Kind entgegen.
Kaspar: Wir gingen Tage, Nächte viel,
Melchior: doch nicht umsonst: Wir sind am Ziel!
Balthasar: Der Stern, dort steht er überm Stalle!
alle drei: Weihnacht ist für uns alle.

Josef Guggenmos

Königskuchen

Aus Frankreich stammt die Tradition am 6. Januar in der Familie einen Königskuchen, einen gâteau de roi, zu verspeisen. Viele Konditoreien verkaufen an den Tagen zuvor Hefekuchen, die mit einer Pappkrone obenauf verziert sind. Außerdem wird in jeden Kuchen eine kleine Porzellanfigur eingebacken, die von außen nicht zu sehen ist. Das Familienmitglied, das die Figur in seinem Kuchenstück entdeckt, ist König bzw. Königin des Jahres. Und da das Königsamt zu zweit sehr viel lustiger zu gestalten ist, wählt sich der König oder die Königin eine Partnerin oder Partner, indem die Porzellanfigur in das Champagner- oder Saftglas der/des Auserwählten getaucht wird.

Auch die Kinder im Kindergarten helfen gern beim Zubereiten eines solchen Kuchens. Nach dem gemeinsamen Verzehr darf der ermittelte König oder die Königin mit einem Wunschkandidaten die Spielrunde leiten.

Rezept für den Königskuchen

Zutaten für den Boden
★ Eier
★ 5–6 El. heißes Wasser
★ 150 g Zucker
★ 1 Päckchen Vanillinzucker
★ 100 g Weizenmehl
★ 50 g Speisestärke
★ 1 gestr. Teel. Backpulver
★ Porzellanfigur oder kleines Tierchen

Zutaten für den Belag
★ 20 Mohrenköpfe
★ 500 g Speisequark
★ 0,75 l Schlagsahne
★ 2 El. Zitronensaft

Hilfsmittel
★ Handrührgerät oder Küchenmaschine
★ Backblech
★ Backpapier

Nachdem die Eier mit dem Wasser schaumig gerührt wurden, streut man den Zucker mit dem Vanillinzucker ein und schlägt den Teig etwa 2 Minuten. Anschließend wird das Mehl mit der Stärke und dem Backpulver gemischt und alles ebenfalls langsam unter den Teig gerührt. Nun wird der Teig ca. 1 cm dick auf das mit Backpapier ausgelegte Backblech gestrichen. Hitzebeständige Porzallenfiguren können einfach im Teig mitgebacken werden.
Backzeit: 10–15 Minuten; **Temperatur:** 200 °C

Für den Belag werden die Waffelböden von den Mohrenköpfen entfernt. Die Kinder zerdrücken mit einer Gabel die Schaummasse mit dem Schokoladenüberzug und verrühren diese mit dem Quark und dem Zitronensaft. Die geschlagene Sahne wird vorsichtig untergehoben. Mit diesem Belag wird der abgekühlte Biskuitboden bestrichen. Anschließend muss man den Kuchen ca. eine Stunde kaltstellen.

La Befana

Vor allem für die Kinder hat in Italien das Epiphaniafest am 6. Januar
eine sehr große Bedeutung. Erst an diesem Tag bekommen die Kinder
Geschenke.

In der Nacht vom 5. auf den 6. Januar schlüpft ›Befana‹, die Dreikö-
nigshexe, durch Türen und Schornsteine, um den braven Kindern die
Schuhe und Strümpfe mit Geschenken zu füllen. Die ›Bösen‹ hingegen
erhalten nur Kohlestücke. Befana ist der volkstümliche Name von
Epiphania. Am Vorabend des Epiphaniafestes ziehen die Kinder von
Haus zu Haus und singen Befana-Lieder.

Eine Legende erzählt dazu Folgendes: Von den Hirten in Bethlehem
hat Befana von der Geburt Jesu erfahren. Weil sie jedoch zu spät auf-
gebrochen ist, hat sie den Stern verpasst. Deshalb konnte sie den
Stall mit der Krippe nicht finden. Noch heute ist sie auf der Suche
nach dem kleinen Kind. In der Hoffnung, das Jesuskind doch noch zu
finden, beschenkt sie alle Kinder in Italien.

Leuchtender Stern

Material
- ★ Prägefolie
- ★ Schere
- ★ Nägel in
  verschiedenen Stärken
- ★ Hammer
- ★ Holzunterlage
- ★ Leim
- ★ Rundholz
- ★ Teelicht
- ★ Reißnagel

Auf die Prägefolie zeichnen die
Kinder einen Stern, den sie
anschließend mit der Schere
ausschneiden. Mit Hilfe des
Hammers schlagen sie mit Nä-
geln Löcher in den Stern,
durch die später Licht dringt.

Das Teelicht wird mit einem Reißnagel hinten am Rundholz befestigt. Nun kleben die Kinder ihren gestalteten Stern mit Leim vorne an das Rundholz an.

Königliche Kerzen

Material

★ Aluminiumfolie
★ Schere
★ Leim
★ verschiedene Kerzen

Der Kerzenumfang bestimmt die Länge des Streifens aus Aluminiumfolie. Er soll wie ein Kragen einmal um die Kerze gerollt und dort übereinander geklebt werden können. Nun zeichnen die Kinder auf diesen Streifen die Zacken einer Krone auf. Die Zacken dürfen selbstverständlich nicht bis an den unteren Rand reichen. Es bleibt ein Steg erhalten, an dessen Seitenkanten die Krone zusammengeklebt wird. Die Breite des Stegs sollte im geeigneten Verhältnis zur Kerzenlänge stehen. Auf Wunsch können die Kinder die Krone aus farbiger Aluminiumfolie herstellen und die Zacken nach außen biegen.

Die Heiligen drei Könige folgen einem Stern
(Fingerspiel)

Hier leuchtet hell ein neuer Stern.	***Finger der linken Hand spreizen***
Man sieht ihn schon von Nah und Fern.	
Auch drei Weise aus dem Morgenland,	***drei Finger der rechten Hand***
haben ihn sogleich erkannt.	
Mit einem langen Fernrohr,	***mit zwei Händen Fernrohr bilden***
schauen sie zum Himmel empor	***und durchschauen***
Nun fängt der Stern an zu verreisen,	***linke Hand bewegt sich***

genauso machen es die drei Weisen.　　　　**drei Finger folgen**
Und gehen so auf Schritt und Tritt,　　　　**drei Finger ›laufen‹**
den weiten Weg nach Betlehem mit.
Über einem Stall bleibt der Stern plötzlich stehn,　**linke Hand steht still**
dort können sie endlich das Jesuskind sehen.
Es liegt in der Krippe auf Heu und auf Stroh,　　**Finger beider Hände**
das macht die Heiligen Drei Könige froh.　　　　**überkreuzen**
Der Stern leuchtet hell in die dunkle Nacht,　　**Finger der linken Hand**
und hat auch zu uns die Botschaft gebracht.　　**spreizen**

Endlich Schnee

Denken wir an den Winter, stellen wir uns spontan eine prächtige Schneelandschaft vor, die uns sämtliche Wintersportmöglichkeiten bietet. Vor allem die Kinder träumen vom weißen Zauber und freuen sich riesig über die ersten Schneeflocken, die die Welt verändern. Die gewohnte Umgebung erscheint in völlig neuem Licht. Sie wirkt sauber und leise, weil der Schnee die alltäglichen Geräusche dämmt. Die Wälder und Wiesen strahlen etwas märchenhaftes aus und laden zu Spaziergängen ein. Nicht nur die Kinder drängt es in den frischen Pulverschnee, der zum Spielen und Experimentieren einlädt.

Seine starke Anziehungskraft erhält der Schnee nicht zuletzt durch seine Kurzlebigkeit. In den meisten Gebieten Deutschlands lässt die weiße Pracht sehr lange auf sich warten. Einigen Kindern bleibt die Freude am Schnee sogar verwehrt. Sie erfahren den Winter als kalte und trübe Jahreszeit, die sie an die warme Wohnung fesselt. Lange Schneeregenperioden und Nebeltage bestimmen leider oft das Wetter. Deshalb ist die Freude groß, wenn der Schnee endlich auf der Erde liegen bleibt und zum Spielen und Toben auffordert. Neben Schlittenfahren, Schneemannbauen und Schneeballschlachten gibt es noch viele andere Möglichkeiten.

Spiele für Schneekinder und Eisnasen

Schnee-Engel

Die Kinder lassen sich mit ausgebreiteten Armen rückwärts in den Tiefschnee fallen. Stück für Stück bewegen sie die ausgestreckten Arme vom Körper zum Kopf. Auch die gesteckten Beine bewegen sich auseinander. Nach dem Aufstehen zeichnet sich im Schnee ein ›Engel‹ ab, den die Kinder in der Dämmerung mit Teelichtern schmücken können.

Schneeburg

Auch die Sandspielsachen kommen im Winter zum Einsatz. Mit Hilfe der Eimer und Förmchen können Kuchen und Burgen aus Schnee entstehen, die mit Naturmaterialien verziert werden. Größere Burgen und Festungen bauen die Kinder aus Schnee-Bausteinen. Dazu füllen sie ihre Gefäße mit Schnee, klopfen ihn fest und stülpen die Eimer an der gewünschten Stelle um. Nicht nur in Reihe, sondern auch übereinander lassen sich mit etwas Geduld sogar Schneehütten oder Iglus bauen. Gemütlich wird es, wenn sich die Kinder das Schneehaus mit Holzpflöcken und Brettern einrichten. In der Dunkelheit erleuchten Kerzenreste die Hütten. Von außen erstrahlen die Schneebehausungen dann in einem schönen Licht.

Für das Bauen einer Schneebar eignen sich eckige Eimer. Die Schnee-Bausteine werden fest aneinandergeklopft und die Theke wird geebnet. Hier können die Kinder nach einem Schneespaziergang eine heiße Schokolade trinken.

Schneegraffiti

Mit Pflanzenfarben (z.B. Saft der Roten Beete) wird Wasser eingefärbt und in Sprühflaschen gefüllt. Damit können die Kinder bunte Gemälde in den Schnee zeichnen. Auch der Schneemann, die Schneeburg oder die Schneebar können so eingefärbt werden.

Schneeblume

Aus Schneeballen lassen sich wunderschöne Blumen formen. Die Kinder setzen fünf Ballen übereinander. Um den obersten Ball setzen sie vorsichtig kleine Schneekugeln als Blütenblätter. Zum Schluss formen die Kinder Blätter aus Schnee und setzten sie am Stengel der Blume an. So kann im Winter ein ganzes ›Blumenbeet erblühen‹.

Spurensuche

Es gibt zahlreiche Tiere, die im Winter täglich auf Futtersuche gehen. Im Schnee hinterlassen sie ihre Spuren, die mit Hilfe eines Tierlexikons bestimmt werden können. Mit großer Freude verfolgen die Kinder eine Spur, die sie querfeldein über die Felder und durch den Wald führt. Auf jeden Fall sollten die Kinder während der Spurensuche zur Ruhe ermutigt werden, weil sich die scheuen Tiere sonst ängstigen.
Nicht nur in ländlichen Gegenden ist die Spurensuche möglich. Auch in der Stadt hinterlassen Hunde, Katzen und Vögel Abdrücke, die die Kinder gerne untersuchen und bestimmen. Nicht zuletzt finden wir unsere eigenen Fußabdrücke aufgrund der unterschiedlichen Profile der Sohlen im Schnee. Aus starker Pappe oder Holz lassen sich auch seltene Spuren herstellen die einem Kind an die Füße gschnallt werden. Eine kleine Kindergruppe zeichnet damit einen Weg in den Tiefschnee. Die restliche Gruppe hat die Aufgabe, das geheimnisvolle Tier zu finden. Auf diese Weise lässt sich eine Schnitzeljagd veranstalten.

Farbenspiel

Kinder haben große Freude am Experimentieren mit Farben. Die Abklatschtechnik (Décalgomanie) ist eine beliebte Methode ›Farbtöne‹ spielen zu lassen. Mit ihr kann man Winterfarben zu interessanten Formen und Mustern zusammenfügen.

Material

★ Unterlage aus Kunststoff oder Glas
★ Wasser- oder Aquarellfarben
★ Deckweiß zum Mischen
★ Pinsel
★ Malpapier (Kunstdruckpapier ist weniger saugfähig und daher sehr gut geeignet)
★ Zeitungspapier

Die Kinder wählen und mischen ihre Winterfarbtöne und tragen diese mit dem Pinsel auf der Unterlage auf. Die farbig gestaltete Fläche sollte der Größe des Malpapiers entsprechen. In die noch feuchte Farben legen die Kinder ein Blatt Papier und streichen es glatt. Anschließend ziehen sie es an zwei Ecken vorsichtig von der Glasplatte ab. Dadurch entstehen interessante Formen und Muster, die an eine Winterlandschaft erinnern können. Die Kinder entdecken mit Sicherheit noch weitere Motive, die nach dem Trocknen der Blätter mit einem Bleistift umfahren und akzentuiert werden können. Wer die Form eines Schneemanns entdeckt hat, kann die Gestalt entsprechend mit dem Bleistift verstärken und Augen, Mund und Nase hinzufügen.
Aus den einmaligen ›Kunstwerken‹ können die Kinder Grußkarten oder Geschenktütchen falten.

Schießbude

Leere Konservendosen werden auf eine Mauer gestellt. Mit Schneebällen versuchen die Kinder, die Büchsen hinunterzuwerfen. Wer mit drei Würfen alle Büchsen abgeschossen hat, bekommt ein Gletschereis-Bonbon.

Dosenschlacht

Die Kinder bilden zwei Mannschaften. Jede Mannschaft baut sich aus Dosen einen Turm und zieht einen Kreis um ihn. Nun versuchen die Kinder den gegnerischen Turm mit Schneebällen zu zerstören. Dabei dürfen die Angreifer die Festung ihrer Gegner nicht betreten. Angreifende Schneebälle dürfen abgewehrt werden. Fällt eine Dose zu Boden, muss sie liegenbleiben. Gewonnen hat die Mannschaft, der es zuerst gelungen ist, den Turm des Gegners vollständig zu zerstören.

Eistütenwettlauf

Alle Teilnehmer bilden zwei Gruppen und stellen sich zu einer Staffel auf. Die ersten beiden Kinder jeder Gruppe erhalten eine Papptüte (in Form einer Eiswaffel). Je ein Schneeball wird geformt und oben aufgelegt. Auf ein Signal laufen beide Kinder los und kehren nach der Wendemarke zu ihrer Gruppe zurück. Dort übergeben sie die Tüte mit dem Schneeball an das nächste Kind, das ebenfalls den Parcour durchläuft. Fällt der Schneeball herunter, muss ein neuer Ball geformt werden. Erst dann darf das Kind weiterlaufen. Die schnellste Mannschaft hat gewonnen.

Schlittenrennen

Je zwei Kinder mit einem Schlitten bilden ein Team. Zuvor wird eine Strecke im Schnee markiert und Gegenstände hier und dort auf die Strecke gelegt. Ein Kind zieht das andere auf dem Schlitten den Hügel hinauf. Oben angekommen nimmt auch das zweite Platz. Beim Hinabfahren sammeln sie die verschiedenen Gegenstände ein, die auf der Strecke liegen. Wer im Ziel die meisten Trophäen hat, ist Sieger.
Tipp: In einem Team sind immer ein älteres und ein jüngeres Kind.

Ballonhockey

Auf Schlittschuhen versuchen die Kinder mit Hilfe eines Besens einen aufgeblasenen Luftballon über das Eis hinter eine Ziellinie zu schieben. Dabei können sie von anderen Kindern gestört werden. Wer es geschafft hat, erhält einen Punkt.

Eiskegeln

Mit etwas Schnee werden Tannenzapfen auf die Eisfläche gestellt. Mit einer Holzscheibe versuchen die Kinder, die Tannenzapfen abzuschießen. Wer mit den wenigsten Würfen alle Zapfen zu Fall gebracht hat, ist Sieger.

Winterzeit – Gemütlichkeit

Die Fünf im Handschuh

*D*a ist ein Bauer über Land gegangen. Geht der Weg durchs Feld,
geht er auch durchs Feld. Geht der Weg durch den Wald, geht er
auch durch den Wald. Geht's bergauf, geht er bergauf; geht's bergab,
geht er auch bergab ... So geht er dahin und lässt seine Handschuhe am
Gürtel baumeln, große Handschuhe, ganz neue; die Daumen stehen
steif in die Höh.
Da wird's dem Handschuh zu langweilig, immer am Gürtel zu baumeln; er schlüpft heraus und hopst auf den Boden! Der Bauer aber
merkt es gar nicht und geht ruhig weiter. Da liegt der Handschuh mitten
auf dem Weg: den Mund weit offen und den Daumen in die Höh.
Kommt das Spitzmäuschen-Knuspermäuschen übern Weg gehuscht; es
bleibt stehen, fragt: »Wohnt jemand im Haus? Ist niemand zu Haus?«
Niemand meldet sich. Knuspermäuschen schlüpft - schlups, in den Handschuh hinein, gleich in den Daumen, und macht sich's drin gemütlich.
Da kommt auf dem Weg das Fröschelein Quakulein angehüpft. Es
klopft, fragt: »Wohnt jemand im Haus? Ist niemand zu Haus?« Antwortet's: »Ich, das Spitzmäuschen-Knuspermäuschen! Wer ist denn
draußen?« »Bin das Fröschlein Quakulein.« »Komm nur herein und
bleib bei mir im Häuslein.« Das Fröschlein hüpfte herein, und sie lebten
drin zu zweien ...

Kommt der Hase angesprungen: »Wohnt jemand im Haus? Ist niemand
zu Haus?« Antwortet's: »Wir, das Spitzmäuschen-Knuspermäuschen
und das Fröschlein Quakulein! Wer ist denn draußen?« »Bin der Hase
Schwups-weg-vor-der-Nase!« »Komm nur herein, wird's lustiger sein.«
Kommt der Rotfuchs geschlichen: »Wohnt jemand im Haus? Ist niemand zu Haus?« Antwortet's: »Wir, Spitzmäuschen-Knuspermäuschen,
Fröschlein Quakulein, und Hase Schwups-weg-vor-der-Nase! Wer ist
denn draußen?« »Bin der Rotschwanz Erwisch-mich-wenn-du-kannst!«
»Komm nur herein, 's wird wärmer sein.« Der Fuchs schlüpfte hinein,
und sie lebten zu viert im Verein.
Kommt der Grauwolf gelaufen. »Wohnt jemand im Haus? Ist niemand
zu Haus?« Antwortet's: »Sind unser vier: Spitzmäuschen-Knuspermäuschen, Fröschlein Quakulein, Hase Schwups-weg-vor-der-Nase und Rot-

schwanz Erwisch-mich-wenn-du-kannst! Wer ist denn draußen?« »Bin der Wolf Husch-aus-dem-Busch!«

»Komm nur herein, 's wird gemütlicher sein.« Der Wolf kam herein, und sie lebten zu fünft im Verein.

Da kommt aus dem finsteren Wald, aus seiner Höhle, der Bär daher. Brummt und summt auf seine Weise mit tiefer Stimme vor sich hin: »Bin der Bär, bin stark und schwer, schlapps und tatsch, tret alles matsch!« Den Fünfen im Handschuh wird angst und bang.

»Tapsch und schlapps und schlapps und tatsch«, Michel Petz kommt immer näher und immer näher. »Schlapps und tatsch, tret alles matsch ...« *Da erschrecken die fünf gar sehr; sie springen heraus – und auf und davon! Das Mäuschen versteckt sich in ein Loch, das Fröschlein hüpft in den Sumpf, der Hase duckt sich hinter einen grauen Stein, der Fuchs und der Wolf laufen in den finsteren Wald hinein.*

Michel Petz aber geht zum Handschuh, beschaut ihn von allen Seiten; er setzt sich auf die Hinterpfoten, er packt den Handschuh mit seinen großen Tatzen, will ihn anziehen. Da platzt der Handschuh, das Mäuschenhaus – und die Geschichte ist aus!

(Russland, Schaffgotsch)

Wie mag es wohl weitergehen?

Nicht nur bei Schnee tragen die Kinder im Winter Handschuhe. Sie kennen das wärmende Gefühl dieses Kleidungsstückes bei Kälte und Wind. Dass ein Mäuschen in einem Handschuh Platz findet, ist auch für Kinder nachvollziehbar. Doch bei jedem neu ankommenden Tier, stellt sich die Frage, ob es ebenfalls Platz in dem wärmenden Handschuh hat. In diese Fragestellung können die Kinder miteinbezogen werden. Vor allem das Auftreten des Bären ist sehr spannend. Wie würden sich die Kinder an Stelle der Tiere im Handschuh verhalten? Jedes Kind gestaltet in seiner Phantasie ein eigenes Ende der Geschichte, das sie auf Papier zum Ausdruck bringen können.

Rollenspiel

Durch die sich immer wiederholende direkte Rede bietet sich dieses Märchen zum Rollenspiel an. Die Tierrollen werden auf die Kinder verteilt. Als Handschuh können Decken oder Säcke dienen. Beim Zusammenrücken unter der Decke begreifen die Kinder unbewusst den sozialen Wert des Märchens.

Die originellen Namen der Tiere regen die Sprachentwicklung an. Schon während des Erzählens haben die Kinder großen Spaß am Wiederholen der lustigen Namen.

Wintermandala

Die Bäume tragen im Winter keine Blätter. Wenn man um diese Jahreszeit durch den Wald läuft und dabei zu den Baumkronen blickt, erkennt man die dürren und dunklen Äste.
Ein solches Winterbild kann man auch in Form eines Mandalas zu Papier bringen. Am Rand eines runden Malpapiers wird dick Tusche oder schwarze Wasserfarbe aufgetragen. Mit einem Trinkhalm blasen die Kinder die noch feuchte Farbe in die Mitte des Kreises. Durch Zufall verläuft die Farbe auch in andere Richtungen. Daraus ergeben sich interessante Muster. Je nach Wunsch können die Kinder das getrocknete Mandala mit passenden Winterfarben ausmalen.

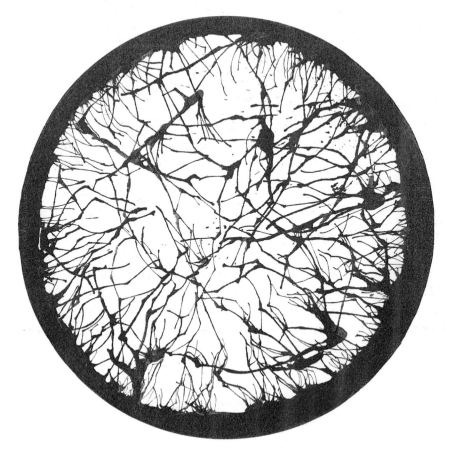

Schneeflöckchen, Weißröckchen

Volkslied

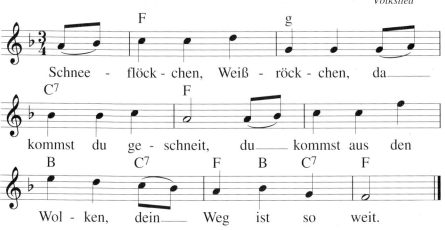

Schnee - flöck - chen, Weiß - röck - chen, da kommst du ge - schneit, du kommst aus den Wol - ken, dein Weg ist so weit.

2. Komm, setz dich ans Fenster,
   du lieblicher Stern,
   malst Blumen und Blätter.
   Wir haben dich gern.

3. Schneeflöckchen, Weißröckchen,
   komm zu uns ins Tal;
   Dann baun wir den Schneemann
   und werfen den Ball.

Musikalische Begleitung

Schneeflocken fallen unhörbar leise zur Erde. Daher verbinden wir mit dem Schneefall zarte Töne. Mit den Fingercymbeln, der Triangel, dem Becken oder der Klangschale können die Kinder das Lied begleiten. Dabei spielen sie jeweils auf den ersten Schlag des Taktes.

Schneeflocken

Es schneit, hurra, es schneit!
Schneeflocken weit und breit.
Ein lustiges Gewimmel
kommt aus dem grauen Himmel.

Was ist das für ein Leben!
Sie tanzen und sie schweben.
Sie jagen sich und fliegen,
der Wind bläst vor Vergnügen.

Und nach der langen Reise,
da setzen sie sich leise
aufs Dach und auf die Straße
und frech dir auf die Nase.

Schneemann aus Pappmache

Material

★ 2 Luftballons
★ Tapetenkleister
★ Zeitungspapier, rein weißes Papier
★ Schere
★ Leim
★ Heißklebepistole
★ Fingerfarben in weiß und schwarz
★ dicke Pinsel
★ rotes und schwarzes Tonpapier

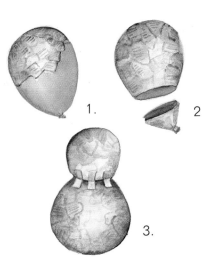

1. 2.

3.

Das Zeitungspapier wird in Schnipsel gerissen. Die Kinder bekleben die beiden aufgeblasenen Luftballons mit den Papierschnipseln. Um die erste Lage Papierschnipsel aufzutragen, wird der Luftballon nur mit Wasser befeuchtet. Die zweite und dritte Lage wird aufgeklebt, indem der Ballon zuvor ganz mit Kleister eingeschmiert wird. Die Papierschnipsel müssen sich überlappen und den ganzen Ballon bedecken. Die zwei letzten Schichten sollten aus rein weißem Papier bestehen. Nach dem Trocknen wird ein Deckel aus beiden Ballonen geschnitten. Jetzt löst sich auch der Luftballon leicht aus der Hülle. An den beiden Öffnungen werden die Pappkugeln mit Leim oder mit Hilfe der Heißklebepistole zusammengeklebt und mit eingekleisterten Papierstreifen wird die Nahtstelle kaschiert. Mit Fingerfarben bemalen die Kinder den Kopf und den Bauch des Schneemanns. Aus Tonpapier wird ein Zylinder gebastelt. Dazu rollt man schwarzes Tonpapier so, dass man die Nahtstellen aufeinanderkleben kann. Anschließend klebt man oben und unten eine runde, schwarze Pappe auf. Damit der Zylinder eine schöne Krempe bekommt, sollte die untere Pappe größer sein. Für die Nase rollen die Kinder aus einem Halbkreis eine Tüte. In den Kopf wird ein Loch in der Größe der Nase geschnitten, die dann mit Leim hineingeklebt wird.

Traumkugeln

Material
★ pro Kind eine Traumkugel (Fachhandel)
★ Fimo
★ Sekundenkleber
★ Schnee (Zubehör für Traumkugeln)

Aus Fimo gestalten die Kinder Schneemänner oder andere Figuren, die anschließend gebrannt werden (Anleitung auf der Fimo-Packung beachten). Mit Sekundenkleber werden diese Figuren am Boden der Traumkugel angebracht. Die Kinder füllen ihre Kugeln mit Wasser und Schnee. Anschließend stülpen sie vorsichtig den Boden auf das Kugeloberteil und verleimen Ober- und Unterteil.
Ist der Leim getrocknet, kann man in der Traumkugel durch Schütteln Schneegestöber verursachen.
Tipp: Statt der teuren Traumkugeln kann man auch Marmeladegläser zu Traumkugeln werden lassen.

Schneesturm

Material

★ Pappschachtel mit Sichtfenster (z.B. Käseschachtel)
★ Malstifte und Papier
★ Styroporkugeln
★ Trinkhalm
★ Stückchen von einem Nylonstrumpf
★ Leim
★ Schere

Die Kinder bemalen ein Papier in der Größe der Schachtel. Dieses wird auf die Bodenfläche geklebt. Nachdem einige Styropokugeln eingefüllt wurden, wird die Schachtel gut verleimt. Mit Hilfe einer spitzen Schere schneiden die Kinder ein Loch im Durchmesser des Trinkhalmes in den Rand der Schachtel. Der Trinkhalm wird am unteren Ende mit dem Nylonstoff versehen und in die Öffnung gesteckt.
Pusten die Kinder nun durch den Trinkhalm in die Pappschachtel, wirbeln die Styroporkugeln wild durcheinander und man kann eine hübsche Schneelandschaft bewundern.

Styropordruck

Material

★ Styroporplatten
  (dünne Deckenplatten
  aus dem Heimwerkerbereich)
★ Stricknadel oder Bleistift
★ Glasplatte
★ Linolwalze mit Gummiauflage
★ Aqua-Linoldruckfarbe
★ weißes Malpapier

In die zurechtgeschnittene Styroporplatte drücken die Kinder mit Hilfe einer Stricknadel oder eines Bleistiftes einfache Motive ein. Etwas Linoldruckfarbe wird auf die Glasplatte gegeben und mit der Walze verteilt. Auf diese Weise wird die Walze gleichmäßig eingefärbt. Durch das Abrollen der Walze auf der gestalteten Styroporplatte wird die Farbe übertragen. Nun können die Kinder damit das Papier bedrucken.

Mit leichtem Druck pressen sie ihren Styroporstempel auf die Unterlage. Die eingedrückten Motive erscheinen nun weiß vor dem farbigen Hintergrund und erinnern an den Schnee.

In Eis und Schnee

Musik und Text aus England

1. In Eis und Schnee, nörd-lich ir-gend-wo, da lebt ein net-ter, klei-ner Es-ki-mo. Der Pelz, den er hat, ja der wärmt ihn so, er zit-tert gar nicht, bläst der Wind auch noch so roh.

2. *Des morgens purzelt er zum Bett hinaus,*
   mit Hund und Schlitten fährt er schnell mal aus dem Haus.
   Er jagt übers Eis, und er ist so froh!
   Der nette, kleine, pelzbedeckte Eskimo!

Ein Kind spielt den Eskimo. Ein weiteres Kind spielt den Schlittenhund, der eine Decke als Schlitten benötigt. Während des Liedes fassen sich die Kinder der Gruppe an den Händen und bilden einen Kreis um die beiden Spieler. Zur Melodie drehen sich die Kinder im Kreis. Zu Beginn der zweiten Strophe setzt sich der Eskimo auf die Decke, die der Schlittenhund hinter sich herzieht. Dabei verlassen beide den Kinderkreis und ›schlittern‹ im Raum, bis das Lied zu Ende ist.
(Bei Schnee und Eis kann dieses Lied natürlich auch im Freien mit einem Schlitten gesungen und gespielt werden.)

Milchreis

Zutaten
* ★ 150 g Milchreis
* ★ 1l Milch
* ★ Prise Salz
* ★ 2 El. Zucker
* ★ eine Packung Vanillepuddingpulver
* ★ 1l Milch
* ★ 1–2 El. Zucker
* ★ Sauerkirschen
* ★ Schokoladenstreusel
* ★ evtl. Zucker und Zimt

Die Milch in einem Topf zum Kochen bringen. Den Milchreis, Zucker und Salz unterrühren und bei schwacher Hitze 20–30 Minuten aufquellen lassen. Dabei muss man darauf achten, dass der Milchreis nicht anbrennt. Inzwischen wird der Vanillepudding gekocht. Dazu wird ebenfalls Milch abgekocht, in die dann das angerührte Puddingpulver mit dem Zucker gegeben wird. Anschließend wird der Pudding nochmals kurz aufgekocht.
Der Vanillepudding wird nun unter den Reis gegeben und auf kleinen Teller serviert. Die Kinder können den Milchreis mit eingelegten Sauerkirschen und Schokoladenstreuseln nach Geschmack garnieren. Auch mit Zucker und Zimt schmeckt der Milchreis köstlich.

Winterschokolade

Zutaten

★ 500 g Fett (Kokosfett)
★ 250 g Zucker
★ 100 g Kakao
★ 180 g Stärkemehl
★ 1 Päckchen Vanillinzucker
★ evtl. Mandelsplitter

Das Fett in einen Topf geben und unter Hitzezufuhr schmelzen lassen. Dann den Topf von der Flamme nehmen und löffelweise Stärke und Kakao untermischen. Anschließend rühren die Kinder den Zucker mit dem Vanillinzucker unter die Schokoladenmasse. Die noch flüssige Masse wird in Pralinenförmchen aus Metall gefüllt. Im Schnee (oder im Kühlschrank) kühlt die Schokolade ab und kann dann aus den Förmchen gestürzt werden.
Tipp für Erwachsene: Unter die Schokoladenmasse 2 El Rum geben.

Eisige Entdeckungen

Schneekristalle

Die Kinder betrachten Schneeflocken interessiert unter der Lupe. Dabei erkennen sie die Zusammensetzung der Schneekristalle aus vielen Eisnadeln und Eisplättchen. Obwohl alle Flocken symmetrische Sechsecke bilden, gleicht kein Kristall dem anderen. Unter Wärmeeinwirkung verändern sich die Kristalle aus Schnee und Eis. Diesen Vorgang können die Kinder an einem sonnigen Fenster beobachten oder verfolgen, wenn sie die Kristalle am Fenster anhauchen.
Ähnliche Beobachtungen machen die Kinder auch beim Anschauen eines Kaleidoskops. Auch hier erkennen sie die Symmetrie. Mit entsprechendem Legematerial können die Kinder Schnee- und Eiskristalle legen.

Experimente

Eingefrorene Tiere

Aus Knete formen die Kinder kleine Tiere und stellen diese in einen
Eiswürfelbehälter. Anschließend werden sie mit Wasser übergossen
und solange in das Gefrierfach gestellt, bis sie gefroren sind. Größere
Tiere können auch in einem Joghurtbecher eingefroren werden. Die
Kinder können beobachten, wie ihre Tiere langsam wieder auftauen.
Als Partygag werden kleine Gummitiere eingefroren, die dann im Saft-
glas wieder auftauen.

Schneeschmelze

Ein Trinkglas wird randvoll mit Schnee gefüllt. Im Zimmer taut der
Schnee zu Wasser. Doch nimmt die Menge an Volumen ab. Das Glas
ist nicht bis zum Rand mit Wasser gefüllt. In den meisten Fällen werden die Kinder auch Dreckpartikel im Wasser finden. Diese stammen
zum größten Teil aus der Luft.

Geplatzte Flasche

Zwei Flaschen werden ganz mit Wasser gefüllt. Die eine Flasche ver-
schließen die Kinder mit einem Schraubverschluss, die andere bleibt
offen. Sinken die Außentemperaturen unter Null Grad, stellt man beide
Flaschen nach draußen. Nach einiger Zeit beobachten die Kinder, dass
das Wasser in den Flaschen gefriert und zu Eis wird. Gefrorenes Wasser breitet sich aus, es braucht mehr Platz. Daher sehen die Kinder
aus der geöffneten Flasche einen kleinen Eisberg wachsen. Die verschlossenen Flasche geht zu Bruch, weil das Eis nicht genügend
Raum hat.

Eisschmuck

In eine flache Schale werden Ausstecherförmchen gelegt. Nun wird die
Schale ca. 1 cm mit Wasser gefüllt und über Nacht ins Freie gestellt.
Am nächsten Morgen ist das Wasser gefroren und die Sterne, Herzen
oder Monde können nun mit Hilfe von warmen Wasser aus den Förm-
chen gelöst werden. Mit einer heißen Nadel bohrt die Erzieherin ein
Loch hinein. An einem Faden wird der Eisschmuck an Bäume und
Sträucher gehängt.

Tiere im Schnee

Beppo im Schnee (Klanggeschichte)

*Gegen drei Uhr am Nachmittag erwacht Kater Beppo von seinem aus-
gedehnten Mittagsschläfchen. Auf seiner kuscheligen Decke von Tante
Friedel streckt und dehnt er sich. Beim Gähnen öffnet er sein Mäulchen
so weit, dass man alle seine spitzen Zähne sehen kann. Endlich steht er
auf und begibt sich langsam zur Wohnungstür, die sich nach einem leisen »Miau« öffnet.*

Auf sanften Pfoten schreitet er	**Xylophon**
die Holztreppe hinunter.	
Als er durch das Kellerfenster schaut,	
entdeckt er schon	
die ersten Schneeflocken,	**Triangel**
die durch die Luft wirbeln.	
Lange Zeit sitzt Beppo auf dem Fenstersims	
und überlegt, ob er die Schritte	
im frischen Schnee wagen soll.	
Doch im hinteren Eck des Gartens	
hat er schon die Fußspuren der Nachbarkatze	
gesichtet. Also macht er sich auch auf den	
Weg und setzt vorsichtig Pfote für Pfote	**Xylophon**
in den nassen Schnee.	
Auf dem Gehweg begegnet ihm Bruno,	**Trommel**
der Bernhardiner.	
Aus seinem zottligen Fell tropfen die Schneeflocken.	
Doch Bruno scheint das nicht zu stören.	
Treu trottet er seinem Frauchen nach,	
die mit ihren hohen Schuhen im Schnee	**Holzblocktrommel**
große Mühe hat. Plötzlich kommt ein altes Auto	**Schellenkranz**
um die Ecke geschossen.	
Schnell rettet sich Beppo in den Vorgarten.	**Xylophon**
Erst als das Auto nicht mehr zu hören ist,	
traut er sich wieder auf die Straße.	
Gemütlich, aber sehr aufmerksam wandert er zur	**Xylophon**
Parkanlage. Am Ufer des Sees liegen viele Enten.	
Als sie Beppo erblicken, flattern sie aufgeregt ins Wasser.	**Stielkastagnetten**

Doch von ihnen will er gar nichts wissen,
denn er hat schon längst den frechen Spatz entdeckt,   *Flötenkopf*
der am unteren Ast eines Baumes
an einer Maiskugel pickt.
Beppo macht sich ganz klein   *Xylophon (leise)*
und schleicht geduckt in Richtung Baum.
Er hofft, dass der Vogel sein weißes Fell
im Schnee nicht erkennen kann.
Auf diese Weise erreicht Kater Beppo
die Wurzeln des Baumes und gerade in dem Moment,
als er zum Sprung auf den Ast ansetzen will,
flattert der kleine Spatz davon.   *Flötenkopf*
Das ärgert Beppo sehr und wütend
schaut er zu den Enten, die mit einem Lächeln
um den Schnabel in der Mitte des Sees schwimmen.   *Stielkastagnetten*
Mit feuchten Pfoten und nassem Fell
macht er sich traurig auf den Heimweg.   *Xylophon*
Schnell hüpft er durchs Kellerfenster und
springt eilig die Holztreppe hinauf.
In seinem Schälchen wartet glücklicherweise
schon ein Stückchen Käsekuchen auf ihn.
Nachdem er das genüsslich verspeist hat,
leckt er gründlich sein Fell,
um sich dann gemütlich auf dem Sofa vor der
Heizung einzukuscheln.
Von dort aus sieht er auf den Balkon.
Noch immer schneit es große Flocken vom Himmel.   *Triangel*
Mit Sicherheit wird Beppo heute keine Pfote mehr
vor das Kellerfenster setzen.

Nicht vergessen!

Der Winter kommt mit Schnee heran;
ans Fenster von Frau Hanselmann,
da pocht die Amsel: »Futter, bitte«,
sagt sie, »so ist es heute Sitte!«
In unserer Stadt vor jedem Haus
streut man den Vögeln Futter aus

zur Winterszeit, denn Not herrscht hier.
Indessen: Wie ist es bei dir?
Gib ihnen auch und nicht zu selten,
mit Liedern werden sie' s vergelten!
Bruno Horst Bull

Maissterne

Ist die Erde mit Schnee bedeckt oder gefroren, dürfen die Vögel, die bei uns überwintern, gefüttert werden.

Material
* ★ Vogelfutter
* ★ Pflanzenfett
* ★ Topf zum Erhitzen des Fettes
* ★ Fettpfanne
* ★ Ausstecher
* ★ Faden

In einem großen Topf wird das Fett erhitzt, bis es flüssig ist. Dann nimmt man den Topf vom Herd und rührt das Vogelfutter unter. Verschiedene Ausstecher werden in die Fettpfanne des Backofens gelegt. Während des Abkühlens der Masse im Freien entsteht ein zäher Brei, der nun in die Ausstecher gefüllt wird. Nach weiterem Abkühlen können die Sterne, Herzen oder Tiere aus den Förmchen gelöst werden. An einem Faden hängen die Kinder die Maissterne in sicherer Höhe an einem Baum auf. Mit Sicherheit freuen sich die Vögel über diese nahrhafte Überraschung.

Kalte Füße

Hier kommt eine Ente, wie man sieht.
Ihre Kinder schwimmen geordet in Reih' und Glied.
Sie schwimmen flussauf, sie schwimmen flussab,
so geht das den lieben langen Tag.

Doch im Winter o weh, o weh,
gefriert der ganze Entensee.
Leider können sie nicht mehr schwimmen,
und müssen das Ufer zu Fuß erklimmen.

Auf die Wiese rieselt weißer Schnee,
den Enten tun beide Füße weh.
Eiskalt werden sie im Nu,
ach, hätten sie doch Winterschuh'!

Doch nach altem Entenbrauch,
wird ein Fuß gewärmt am Bauch.
Auf einem Bein steht nun die Ente
und wartet auf des Winters Ende.

Hin und wieder, voll Genuss,
wechselt die Ente ihren Fuß.
Ist der Linke mollig warm,
kommt der Rechte wieder dran.

Spielidee

Die rechte Hand zeigt den Schnabel der Ente an. Die fünf Finger der linken Hand sind die Entenkinder, die der Ente beim Schwimmen folgen. Zeige- und Mittelfinger beider Hände stellen die watschelnden Füße der Enten dar. Aus Papier können sich die Kinder zusätzlich Entenfüße basteln, die sie mit Tesafilm an die Finger kleben.

Pauls Reise *(Phantasiereise)*

Ganz im Süden, inmitten des Eismeeres, lebt an einer Felsenküste eine große Pinguinkolonie. Es ist noch nicht lange her, dass die jungen Pinguine aus ihren Eiern geschlüpft sind. Dieses Jahr war auch Paul dabei. Paul ist ein netter kleiner Pinguin mit schwarzem Frack und gelben Schuhen. Wenn Paul sehr lange auf dem blanken Eis steht und den großen Pinguinen beim Schwimmen und Tauchen zusieht, werden seine Füße eiskalt. Dann watschelt er so schnell er kann zu seinem Papa und stellt sich auf dessen große Füße. Dort lauscht er den interessanten Geschichten, die sich die erwachsenen Pinguine ab und zu erzählen.

Heute berichtet ein alter Pinguin von einem fernen Land, in dem es Vögel gibt, die schillernd bunte Federn haben. So ganz nah bei seinem lieben Papa fühlt sich Paul sehr wohl. Doch nach einer Weile wird es ihm auch schon wieder langweilig und er beschließt die Gegend zu erkunden. Zielstrebig steuert er einen kleinen Hügel an. Als er oben angekommen ist, entdeckt er zu seiner großen Freude, dass die andere Seite des Hügels ganz mit Eis bedeckt ist. Sofort legt er sich auf den Bauch und rutscht in rasendem Tempo den Hügel hinunter. Unten angekommen watschelt er eilig wieder hinauf und die Rutschpartie beginnt von Neuem. Auf diese Weise vergehen einige Stunden. Plötzlich spürt Paul, dass er sehr müde ist und er legt sich erschöpft am Fuße des Hügels auf das Eis.

Auch du wirst müde und legst dich bequem auf dein Kissen. Du spürst wie deine Beine schwer werden. Viele, viele Male bist du den Hügel hinaufgeklettert, um dann hinunterzurutschen. Auch deine Arme und deine Augen sind müde. Du lässt sie einfach zufallen. Vor deinem inneren Auge siehst du noch einmal die großen Pinguine, die geschickt und flink durch das Wasser gleiten. Von der Ferne kannst du auch die Mamas und Papas erkennen. Sie stehen dicht beieinander und haben sich viel zu erzählen. Und jetzt siehst du den Rodelhügel, den du schnell hinuntergesaust bist. Noch spürst du den Fahrtwind zwischen deinen Federn. Doch nun scheint dir die Sonne auf den Bauch. Langsam breitet sich eine wohlige Wärme in dir aus. Die Sonnenstrahlen schlüpfen in deinen Körper und wandern zuerst durch die Arme in jeden Finger; dann in die Beine, bis zu den Füßen und in den kleinen Zeh. Zuletzt wandern die Sonnenstrahlen in den Kopf und über das ganze Gesicht. Selbst die Zunge wird warm und müde. Sie legt sich zwischen den Zähnen schlafen. So liegst du nun und lauscht dem Plätschern des Meeres, dessen Wellen an das Ufer schlagen. Wie die Wellen schaukelst auch du hin und her, hin und her. Und wie du so hin und her schaukelst, löst sich mit einem leisen Knacken das Eis, auf dem du liegst, vom Festland ab, knick und knack – knick und knack, bis du auf einer kleinen Eisscholle liegst. Ein leichter Wind treibt dich auf deiner Scholle hinaus aufs Meer. Die Wellen wiegen dich in deinem tiefen Schlaf und die Sonne scheint noch immer auf dich herab. Doch plötzlich wird es immer wärmer und wärmer.

Davon wird der kleine Pinguin wach. Er kann kaum die Augen öffnen, weil die Sonne so hell scheint. Als es ihm endlich gelingt, sieht er vor sich eine kleine Insel. Doch diese Insel kennt er nicht. Sie ist auch nicht weiß und hat weder Schnee noch Eis! Auf ihr wachsen hohe Bäume mit großen grünen Blättern. Eine feine Brise treibt die Eisscholle auf die Insel zu. Immer näher kommt Paul dem Ufer, bis auf einmal die Eisscholle am Strand anlegt. Vorsichtig setzt Paul einen Fuß in den feinen Sand. Das fühlt sich aber komisch an. Der Sand ist weich und sehr warm. Ganz anders als das Eis an der Felsenküste. Paul genießt es sehr, am Strand entlang zu watscheln. Dabei entdeckt er farbige Muscheln in allen Größen und Formen. Hier liegt eine Muschelschale, die in ihrem Innern in den Farben des Regenbogens schillert. Daneben findet Paul eine Muschel mit einem Loch. Ein Stückchen entfernt befinden sich viele kleine braune Muscheln. Und ganz dicht am Wasser entdeckt er eine weiße Muschel mit Rillen. In der Schale steht noch ein wenig Wasser, in dem sich der Himmel spiegelt. Und plötzlich sieht Paul eine besondere Muschel. Sie ist rund und verdreht. Sie erinnert an ein Schnecken- haus. Diese möchte er aus der Nähe an- schauen, doch als er sich bückt, huscht ein Krebs aus der Schale und krab- belt schnell über den Sand davon. Da hört Paul auch schon ein Pfeifen und Kreischen. Es kommt aus den Palmen am Strand. Als er zwischen die Blätter schaut, sieht er dort einen Vogel sit- zen. Dieser trägt bunte Federn in Rot, Gelb, Grün und Blau. Auf einmal kommen noch weitere Vögel geflogen. Alle sind kunterbunt und haben spitze ge- bogene Schnäbel. Einige klettern sogar mit ihren großen Füßen an den Ästen empor. Auf einem anderen Baum sitzen Vögel mit großen orangefarbenen Schnäbeln. Pinguine sind das nicht. Sind das vielleicht Papageien, von denen der alte Pinguin erzählt hat? Sie sind wunder- schön und können auch fliegen.

Lange Zeit sitzt Paul auf dem warmen Sand und schaut den bunten Vögeln in den Bäumen zu. Er lauscht auch den Tönen, die sie von sich geben. Leider kann er kein Wort verstehen. Mit Sicherheit können sie sehr interessante Geschichten erzählen.

Doch wie Paul so dasitzt, wird es ihm langsam zu heiß. So brütend-heiß scheint die Sonne bei ihm zu Hause doch nicht. Sein Federkleid ist einfach zu dick für diese warme Insel. Obwohl ihm der Strand mit den Muscheln und den bunten Vögeln so gut gefällt, beschließt er seine Eisscholle zu suchen, um auf ihr nach Hause zu schwimmen. Doch als er an die Stelle kommt, an der er die Insel betreten hat, treibt im Wasser nur noch eine kleiner Würfel Eis. Die restliche Scholle ist bei der Hitze zusammengeschmolzen. »Wie komm ich denn jetzt wieder nach Hause?«, fragt sich Pinguin Paul. »So weit schwimmen kann ich unmöglich.« Traurig watschelt er zu einer Palme und legt sich in ihrem Schatten nieder. Mit Tränen in den Augen nimmt er eine Muschel auf, die neben ihm im Sand liegt. Beim Grübeln und Überlegen schläft Paul wieder ein. Die Wellen des Meeres rauschen an den Strand. Schsch – schsch . Und auf einmal hört Paul aus weiter Ferne seinen Namen rufen: Paul – Paulchen. Die Stimme scheint ihm vertraut. Als Paul die Augen öffnet, beugt sich sein Papa über ihn und stupst ihn zärtlich mit seinem Schnabel wach. Aber er liegt ja gar nicht mehr am Strand! Wo sind die schönen Muscheln und die bunten Vögel? »Wo bist du nur den ganzen Nachmittag gewesen?«, fragt sein Papa neugierig. »Schau die Sonne geht schon unter und wir warten mit dem Abendessen auf dich.« Noch ganz benommen watschelt Paul seinem Papa nach. Während er in den glühenden Ball der untergehenden Sonne blickt, denkt er noch einmal an die Insel mit den grünen Bäumen und dem warmen weichen Sand. Dabei entdeckt er auch die Muschel unter seinem Flügel. Pauls Vater, dem die Stille seines Sohnes etwas seltsam vorkommt, lüpft Paul auf seine großen Füße und drückt ihn ganz nah an seinen dicken Bauch. Auf diese Weise kehren die beiden zur Pinguinkolonie zurück. Alle sind froh, dass Paul gefunden ist. Auch Paul ist glücklich wieder bei seinen Freuden zu sein. Aber eines ist sicher: Eines Tages wird er wieder eine Reise machen, um die Welt zu entdecken. Doch davon und von seiner Muschel verrät er den anderen nichts. Die Insel mit den grünen Bäumen und dem warmen weichen Sand ist und bleibt sein Geheimnis.

Jetzt kannst auch du deine Augen langsam wieder öffnen. Mit deinen Armen und Beinen streckst du dich auf dem Boden aus. Auch kräftig gähnen darfst du. Hat Paul wirklich eine Reise auf der Eisscholle unternommen oder hat er die ganze Geschichte nur geträumt? Schau doch einmal nach, ob du auch ein Andenken vom Strand findest!

Während des Erzählens hat die Erzieherin bei jedem Kind eine Muschel versteckt, die die Kinder am Ende der Geschichte suchen dürfen. Anhand dieser Muschel können die Kinder über ihre Vermutungen, ob Paul tatsächlich eine Reise gemacht hat oder das alles nur ein Traum war, sprechen. Trotz der schönen Erlebnisse im Winter und im Schnee, haben auch die Kinder Sehnsüchte nach dem Sommer. Vielleicht finden sie durch diese Traumreise Zugang zu ihren inneren Wünschen und geben ihnen im Erzählen und Malen Ausdruck:

★ die Kinder malen die bunten Vögel der Insel
★ am Sandtisch legen die Kinder Muster aus Muscheln und Steinen.

Pinguine aus Ton

Material
★ weißbrennender Ton
★ Schlicker (Tonbrei)
★ Rundholz oder Pflanzholz aus dem Gärtnerbedarf
★ schwarze und gelbe Glasur oder Engobe

Mit beiden Händen formt man aus dem Ton eine dicke Tonwulst, die zu einem Spitzkegel gerollt wird. Mit Hilfe eines Rund- oder Pflanzholzes höhlen die Kinder durch vorsichtiges Drehen den Spitzkegel aus. Der Kopf des Pinguins entsteht an der Spitze des Kegels. Sowohl der Schnabel als auch die Füße werden durch Streichen aus der vorhandenen Tonmasse herausgearbeitet. Die Flügel formen die Kinder aus Ton und schlickern sie am Körper an. Die Nahtstellen müssen gut verstrichen und geglättet werden, damit beim Trocknen und Brennen nichts abbricht. Um die Pinguinaugen zu formen, rollen die Kinder kleine Kügelchen, die in die Augenhöhlen gesetzt werden.

Die farbige Gestaltung mit Engobe findet vor dem Schrühbrand statt. Vor dem zweiten Brennvorgang wird eine transparente Glasur aufgetragen. Wollen die Kinder mit Glasuren arbeiten, müssen die Pinguine nach dem Trocknen gebrannt werden. Nach dem ersten Brand folgt dann der Glasurbrand.

Tipp: Bei den Kaiserpinguinen brüten die Männchen unter der Bauchfalte die Eier aus. Von unten wärmen zusätzlich die zusammengestellten Füße, auf denen später die Jungtiere teilweise getragen werden. Davon sind viele Kinder fasziniert und modellieren mit großer Freude Eier und kleine Pinguine, die sie auf die Füße der Eltern setzen.

Pinguinfangen

Immer zwei Kinder halten sich an den Händen und stellen ein Pinguin-paar auf einer Eisscholle dar. Die Eisschollen können mit Reifen oder Seilen markiert werden. Aus der Kindergruppe wird nun ein Eisbär und ein Pinguin ausgewählt. Der Eisbär hat die Aufgabe den Pinguin zu fan-gen. Dieser kann entkommen, indem er sich auf eine Eisscholle rettet und die Hand eines Pinguins ergreift. Der Pinguin auf der anderen Sei-te springt von der Eisscholle, da für drei Tiere kein Platz ist. Dabei wird dieser zum Eisbär und muss das Kind, das zuvor den Eisbären gespielt hat, versuchen zu fangen. Der neue Pinguin hat nun die gleiche Chan-ce. Wird der Pinguin aber vom Eisbären erwischt, tauschen sie schnell die Rollen und die Jagd beginnt von vorne.

Bei diesem sehr schnellen Bewegungsspiel, haben jüngere Kinder Schwierigkeiten mit dem Rollenwechsel. Rettet sich ein gejagter Pin-guin auf eine Eisscholle, bleibt der Eisbär der Jäger und fängt nun den Pinguin, der von der Eisscholle hüpft. Auf einer schneebedeckten Wiese hat dieses Spiel einen besonderen Reiz!

Pinguin-Lied

Text und Musik: Fredrik Vahle

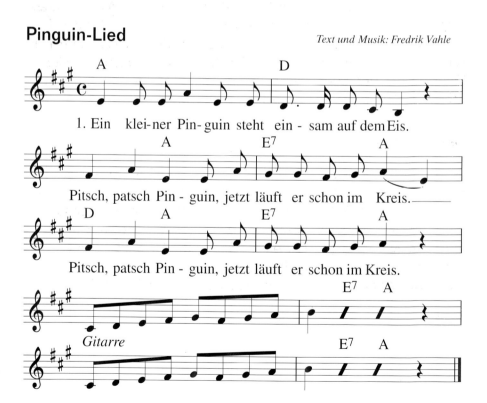

1. Ein klei-ner Pin-guin steht ein - sam auf dem Eis.

Pitsch, patsch Pin - guin, jetzt läuft er schon im Kreis.

Pitsch, patsch Pin - guin, jetzt läuft er schon im Kreis.

Gitarre

2. Und der Nordwind weht
übers weite Meer.
Pitsch, patsch Pinguin
da friert er aber sehr.

5. Und der Nordwind weht
übers weite Meer.
Pitsch, patsch Pinguin,
da friern sie aber sehr.

3. Und er sucht sich einen
anderen Pinguin.
Pitsch, patsch Pinguin,
sie kitzeln sich am Kinn.

6. Und jeder sucht sich einen
andern Pinguin.
Pitsch, patsch Pinguin,
sie kitzeln sich am Kinn.

4. Zwei kleine Pinguine
laufen übers Eis.
Pitsch, patsch Pinguin,
sie watscheln schon im Kreis.

Vor dem Singen des Liedes wird aus der Kindergruppe ein Pinguin be-
stimmt, der mit steifen Beinen im Kreis watschelt. Mit den Armen seit-
lich an den Körper gepresst, stellt er die Flossen dar. Kommt der kalte
Nordwind (Kinder im Stuhlkreis pusten), nimmt er seine Flossen um
den Körper und zittert. Dann wählt er ein Kind aus, das einen weiteren
Pinguin spielen darf. Gegenseitig kitzeln sie sich am Kinn. Auf diese
Weise vermehrt sich die Pinguinkolonie, bis am Ende alle Kinder mit im
Kreis watscheln. Erst dann tritt der Eisbär auf, der ebenfalls von einem
Kind gespielt wird. Dieses versucht einen der Pinguine zu fangen, die
schnell auf ihren Platz im Stuhlkreis zurücklaufen.

Pinguin-Tanz

Die Tücher auf dem Boden markieren Eisschollen. Die Kinder spielen
Pinguine, die während des Pinguin-Liedes zwischen den ›Schollen‹ her-
umlaufen. Stoppt die Musik, sucht sich jeder Pinguin eine ›Eisscholle‹,
die bei jedem Durchgang etwas schmilzt, d.h. die Tücher werden um
die Hälfte zusammengefaltet. Auf diese Weise wird das Stehen auf der
›Scholle‹ zunehmend schwieriger.
Variation: Immer zwei Kinder suchen Platz auf einer Eisscholle.

Quellennachweis

S. 10 und S. 150f: aus: Syndikus, Henriette; Kinder singen und
gestalten, © Don Bosco Verlag, München 1996.

S. 21: aus: Kreusch-Jacob, Dorothee, Finger spielen – Hände tanzen,
© Don Bosco Verlag, München 1997.

S. 28: Schlaflied aus: Musikkassette »Bei uns geht's rund«
von Simone Brühwiler, © Musikverlag Markus Brühwiler,
Grenzstr. 26, 76448 Durmersheim

S. 29 und S. 142: aus: Brandt-Köhn, Susanne,
Bärenstark und mauseschlau, © Don Bosco Verlag, München 1995.

S. 38 und S. 124: aus: Pausewang, Elfriede, Die Unzertrennlichen,
Neue Fingerspiele 2, © Don Bosco Verlag, München 1994.

S. 42, S. 63 und S. 116: aus: Rosin, Volker, Itzibitz, die Liedermaus,
© Don Bosco Verlag, München 1995.

S. 89: aus: Guggenmos, Josef, Ich will dir was verraten,
© Beltz & Gelberg, Weinheim 1992.

S. 90: aus: Krenzer, Rolf, Jöcker, Detlev, Weihnachten ist nicht mehr
weit, © Menschenkinder Verlag, 48157 Münster

S. 98: aus: Krenzer, Rolf, Die Adventszeit im Kindergarten,
© Ortfried Pörsel

S. 102: aus: Krenzer, Rolf, Die Adventszeit im Kindergarten,
© Verlag Ernst Kaufmann, Lahr

S. 119: aus: Reinhardt, Friedrich, Bilgin-Schnackenburg,
Münevver, Schau dir nur die Ayse an!, München

S. 130f: Walther Mahringer, übermütige Gesellen, © beim Autor

S. 141: aus: Bruno Horst Bull (Hrsg.), Verse zum Feiern,
© Don Bosco Verlag, München 1991.

S. 146 und S. 177: aus: Bruno Horst Bull (Hrsg.),
Die bunte Weihnachtskugel, © Don Bosco Verlag, München 1993.

S. 152: aus: Guggenmos, Josef, Das kunterbunte Kinderbuch,
© beim Autor

S. 164f: aus: Bamberger, Richard, Mein erstes großes Märchenbuch,
1960 Esslinger Verlag J.F. Schreiber GmbH, Esslingen-Wien, Postfach 100325, D-73703 Esslingen

S. 167: aus: Heuer, Reinhild, Mit Spiel und Spaß durchs Jahr,
© Vebu Verlag, 1988

S. 184f: Fredrik Vahle, © AKTIVE MUSIK Verlagsgesellschaft mbH,
Postfach, 44001 Dortmund

Die Weihnachtskiste

Starke Ideen für ein tolles Fest

Kinder von 5 – 12 Jahren finden in dieser Weihnachtskiste einen wahren Schatz an Spaß und Unterhaltung. Im Handumdrehen entstehen aus dem Heft: eine bunte Mappe, ein phantasievoller Bilderrahmen und ein geheimes Tagebuch – nicht zu vergessen ein farbenfrohes Pop-up-Bilderbuch über das erste Weihnachtsfest in Betlehem. Und dazu: zahlreiche Bastelvorschläge, bunte Sticker, Spiele zum Würfeln und Tüfteln, Geschicklichkeitsspiele, Ideen für Geschenke und Gerichte.

24 S., illust iert mit farbigen Bastelbögen und Stickern, geheftet, ISBN 3-7698-1114-3

Elke Bouctot

Wir erleben die Weihnachtszeit

Neue Geschichten und Spiele, bunte Bastelideen, Rezepte und Lieder

In diesem Mitmachbuch finden Familien und Erzieherinnen tolle Ideen für die Advents- und Weihnachtszeit. Mit den Rezepten und Basteltipps werden Kinder zu Weihnachtsbäckern und Handwerkern. Schon die Kleinsten können mitmachen, denn im Vordergrund steht das gemeinsame Erleben, nicht die perfekt(ionistisch)en Ergebnisse.
Darüber hinaus laden die liebevoll erzählten Geschichten, Fingerspiele und Lieder zum Zuhören und Mitmachen ein.

108 S., farbige Fotos, Illustrationen, kartoniert, ISBN 3-7698-0896-7